Nachtrag

zu

Pohle, Rechtsanwaltsordnung

Schweitzers Textausgaben mit Anmerkungen

Nachtrag zur Rechtsanwaltsordnung

zur Anpassung an die bis zum 1. Mai 1935 eingetretenen Gesetzesänderungen.

Herausgegeben

von

Dr. Rudolf Pohle

Landgerichtsrat,
beschäftigt im Reichsjustizministerium

1935

München, Berlin und Leipzig

J. Schweitzer Verlag (Arthur Sellier)

Nachtrag

zur Anpassung an die bis zum 1. Mai eingetretenen Gesetzesänderungen und zur Ergänzung durch die für das Saarland erlassenen neuen Vorschriften, die von der Reichs-Rechtsanwaltskammer aufgestellten Richtlinien für die Ausübung des Anwaltsberufs und die neuesten allgemeinen Verfügungen des Reichsministers der Justiz in Anwaltsangelegenheiten. Der Inhalt dieses Nachtrags ist des näheren aus dem Nachweis auf seiner letzten Seite zu ersehen.

— Die Seiten des Nachtrags sind, soweit sie Änderungen der Rechtsanwaltsordnung und ihrer Anmerkungen enthalten, einseitig bedruckt, damit sie ausgeschnitten und an den bezeichneten Stellen dem Buch eingeklebt werden können. —

Zu Seite 1/2.

Der Anmerkung 1 zu § 1 ist anzufügen:

1a. Wegen des Erwerbs der Fähigkeit zum Richteramt vgl. ferner die Justizausbildungsordnung vom 22. Juli 1934 und ihre drei Durchführungsverordnungen vom 13. September, 8. Oktober und 1. November 1934 (RGBl. I S. 727, 831, 915, 1004), die VO. über den Ausbau des Reichs-Justizprüfungsamtes vom 27. Februar 1935 (RGBl. I S. 342) sowie die VO. über den weiteren Ausbau des Gemeinschaftslagers Hanns Kerrl vom 9. März 1935 (RGBl. I S. 359) und die VO. über die Ausbildung der Gerichtsreferendare in der Verwaltung vom 13. April 1935 (RGBl. I S. 545).

Zu Seite 2.

Die Bemerkung 3 zu § 3 lautet jetzt:

3. Nach § 1 des Zweiten Gesetzes zur Überleitung der Rechtspflege auf das Reich vom 5. Dezember 1934 (RGBl. I S. 1214) ist allenthalben an die Stelle der Landesjustizverwaltung der Reichsminister der Justiz getreten. Die angezogene Vorschrift lautet:

§ 1. Die Zuständigkeiten der obersten Landesjustizbehörden gehen auf den Reichsminister der Justiz über; er kann sie auf nachgeordnete Behörden übertragen.

Vgl. ferner die unter B 1 zu S. 71 (S. 36 dieses Nachtrags) abgedruckte AV. d. RJM. vom 16. Januar 1935.

Zu Seite 7.

Dem § 6 ist als Nr. 6 folgende Vorschrift anzufügen:

6. wenn der Antragsteller beim Eingang seines Zulassungsgesuchs das fünfundfünfzigste Lebensjahr vollendet hat[9a].

9a. Nr. 6 ist eingefügt durch Art. 1 Nr. 2 des Gesetzes vom 20. Dezember 1934 (RGBl. I S. 1258). Wegen des Inkrafttretens der Vorschrift s. Art. 3 daselbst, abgedruckt unten Anm. 12a zu § 13 (S. 5 dieses Nachtrags).

Zu Seite 4.

1. Im § 5 sind die Nrn. 4 bis 6 zu streichen. An ihre Stelle treten folgende Vorschriften:

4.[6a] wenn die Persönlichkeit des Antragstellers nach seinem bisherigen Verhalten keine Gewähr für zuverlässige Berufsausübung und gewissenhafte Erfüllung der anwaltlichen Standespflichten bietet;

5. wenn mit Rücksicht auf die Verhältnisse des Antragstellers und die Art seiner Wirtschaftsführung durch seine Zulassung die Belange der Rechtssuchenden gefährdet werden würden;

6. wenn der Antragsteller ein Amt bekleidet oder eine Beschäftigung betreibt, die mit dem Beruf des Rechtsanwalts nicht vereinbar sind, oder wenn er einer Tätigkeit nachgeht, die der Würde der Anwaltschaft widerspricht;

7. wenn der Antragsteller infolge eines körperlichen Gebrechens oder wegen Schwäche seiner körperlichen oder geistigen Kräfte zur ordnungsmäßigen Ausübung des Rechtsanwaltsberufes dauernd unfähig ist.

2. Die bisherige Nr. 7 wird Nr. 8.

3. Als Anmerkung 6a ist dem § 5 anzufügen:

6a. Die Einfügung bzw. Neufassung und Umstellung der Nrn. 4 bis 8 beruht auf Art. 1 Nr. 1 des Gesetzes zur Änderung der Rechtsanwaltsordnung vom 20. Dezember 1934 (RGBl. I S. 1258), das nach Art. 3 daselbst am 23. Dezember 1934 in Kraft getreten ist (s. unten Anm. 12a zu § 13 S. 5 dieses Nachtrags).

Zu Seite 11.

Der § 13 lautet jetzt:

§ 13.

Versagung der Zulassung bei einem bestimmten Gericht.

aa) Großstädte und Notgebiete.

Bei Gerichten in Großstädten, deren Einwohnerzahl nach der letzten amtlichen Zählung 150000 übersteigt, kann die Zulassung nicht bezirkseingesessenen Antragstellern versagt werden. Der Reichsminister der Justiz kann diesen Großstadtgerichten andere Gerichte gleichstellen, wenn bei diesen die Zahl der zugelassenen Rechtsanwälte unverhältnismäßig groß ist.

Als bezirkseingesessen im Sinne des Absatzes 1 sind Antragsteller anzusehen, die innerhalb der letzten fünf Jahre drei Jahre lang an einem ganz oder teilweise zum Gerichtsbezirk gehörenden Orte ihren Wohnsitz gehabt haben. Inwieweit hierbei Nachbar- und Vororte als ein Ort zu behandeln sind, bestimmt der Reichsminister der Justiz. Hat der Antragsteller während seiner beruflichen Ausbildung oder als nichtplanmäßiger Beamter seinen Wohnsitz zeitweilig an einem anderen Ort gehabt, so wird dieser Zeitraum nicht mit angerechnet.

Die weitere Zulassung bereits zugelassener Rechtsanwälte gemäß § 8 Abs. 2, §§ 9 bis 12

Zu Seite 11.

wird durch die Vorschriften der Absätze 1 und 2 nicht berührt[12a].

12a. Die Fassung beruht auf Art. 1 Nr. 3 des Gesetzes zur Änderung der Rechtsanwaltsordnung vom 20. Dezember 1934 (RGBl. I S. 1258). Als Übergangsvorschrift bestimmt Art. 3 Abs. 1 dieses am 22. Dezember 1934 verkündeten Gesetzes:

Dieses Gesetz tritt mit dem Tage nach seiner Verkündung in Kraft. Es darf jedoch auf Grund des § 13 Abs. 1 neuer Fassung die Zulassung nicht versagt werden, wenn der Zulassungsantrag bereits vor dem 15. Oktober 1934 eingegangen war.

Die erste Zeile der Überschrift zu § 14 ist zu streichen.

Zu Seite 13.

Im § 16 Abs. 2 Zeile 3 sind die Worte „Nr. 4, 5, 6" durch die Worte „Nrn. 4 bis 7[16a]" zu ersetzen.

16a. Die Fassung des § 16 Abs. 2 beruht auf Art. 1 Nr. 4 des Gesetzes vom 20. Dezember 1934 (RGBl. I S. 1258).

Zu Seite 16.

Der § 21a lautet jetzt wie folgt:

§ 21a.

Fälle, in denen die Zulassung zurückgenommen werden muß.

Die Zulassung ist ferner — vorbehaltlich der Bestimmung im Abs. 2 — zurückzunehmen, wenn die Voraussetzungen, unter denen die Zulassung nach § 5 Nrn. 5 bis 7 zu versagen wäre, nachträglich eintreten oder sich nachträglich herausstellt, daß diese Voraussetzungen im Zeitpunkt der Zulassung vorgelegen haben. Die Feststellung, ob dies der Fall ist, ist im ehrengerichtlichen Verfahren zu treffen. Die Zurücknahme der Zulassung erfolgt in den Fällen des § 5 Nrn. 5 und 7 nach Rechtskraft der ehrengerichtlichen Entscheidung; im Falle des § 5 Nr. 6 erfolgt sie erst, wenn der Rechtsanwalt nicht binnen einem Monat nach Rechtskraft der Entscheidung die beanstandete Beschäftigung aufgibt.

Bekleidet ein Rechtsanwalt, ohne daneben die anwaltliche Berufstätigkeit selbst auszuüben, ein Gemeindeamt auf Probe, Widerruf oder Kündigung, so ist eine Zurücknahme der Zulassung nach § 5 Nr. 6 innerhalb des ersten Jahres nach Antritt des Amts nicht zulässig[22].

22. Die Fassung des § 21a beruht auf Art. 1 Nr. 5 des Gesetzes vom 20. Dezember 1934 (RGBl. I S. 1258).

Zu Seite 18.

Hinter dem § 24 ist einzufügen:

§ 24a.

Bezeichnung „Rechtsanwalt".

Frühere Rechtsanwälte dürfen die Bezeichnung „Rechtsanwalt" auch mit einem auf das Erlöschen der Zulassung hinweisenden Zusatz nicht führen[25a].

25a. § 24a ist durch Art. 1 Nr. 6 des Gesetzes vom 20. Dezember 1934 (RGBl. I S. 1258) eingefügt. Wegen der Strafbarkeit unbefugter Titelführung vgl. § 360 Nr. 8 des Strafgesetzbuchs.

Zu Seite 19.

Dem § 25 Abs. 1 ist als Satz 2 anzufügen:

Ein nicht mehr im Vorbereitungsdienst stehender Rechtskundiger soll jedoch nicht zum Stellvertreter bestellt werden, wenn ihm die Zulassung zur Rechtsanwaltschaft zu versagen wäre oder versagt werden könnte[26a].

26a. § 25 Abs. 1 Satz 2 ist durch Art. 1 Nr. 7 des Gesetzes vom 20. Dezember 1934 (RGBl. I S. 1258) eingefügt.

Zu Seite 21/22.

1. Der Anmerkung 1 zu § 26 ist hinzuzufügen:

Für die vom Volksgerichtshof abzuurteilenden Hochverrats- und Landesverratssachen bestimmt das Gesetz zur Änderung von Vorschriften des Strafrechts und des Strafverfahrens vom 24. April 1934 (RGBl. I S. 341), Art. IV § 3:

Die Wahl des Verteidigers bedarf der Genehmigung durch den Vorsitzenden des Gerichts. Die Genehmigung kann zurückgezogen werden; wird sie in der Hauptverhandlung zurückgezogen, so ist § 145 der Strafprozeßordnung entsprechend anzuwenden.

2. In der Anmerkung 2 zu § 26 sind der dritte Absatz und der nach ihm abgedruckte Abs. 1 des § 11 ArbGG. wie folgt zu ersetzen:

Für das arbeitsgerichtliche Verfahren bestimmt § 11 des Arbeitsgerichtsgesetzes in der Fassung des Gesetzes vom 20. März 1935 (RGBl. I S. 386):

Prozeßvertretung.

§ 11.

(1) Vor den Arbeitsgerichten sind als Prozeßbevollmächtigte oder Beistände zugelassen Leiter und Angestellte der von der Deutschen Arbeitsfront getrennt nach Unternehmern und Beschäftigten einzurichtenden Rechtsberatungsstellen, soweit diese Personen — abgesehen von Rechtsanwälten — nicht neben derartigen Vertretungen die Besorgung fremder Rechtsangelegenheiten vor Gericht geschäftsmäßig betreiben, sowie Rechtsanwälte, die im Einzelfalle von der Deutschen Arbeitsfront zur Vertretung einer Partei ermächtigt sind. Kommt die Prozeßvertretung einer Partei durch die Rechtsberatungsstellen der Deutschen Arbeitsfront nicht in Betracht, so kann der Vorsitzende des Arbeitsgerichts einen Rechtsanwalt oder eine

Zu Seite 21/22.

andere geeignete Person als Prozeßbevollmächtigten oder Beistand zulassen; der Reichsarbeitsminister kann im Einvernehmen mit dem Reichsminister der Justiz bindende Richtlinien für die Zulassung erlassen. Im übrigen sind Personen, die die Besorgung fremder Rechtsangelegenheiten vor Gericht geschäftsmäßig betreiben, als Prozeßbevollmächtigte oder Beistände ausgeschlossen.

Zu Seite 26/27.

Dem § 31 ist als Abs. 2 anzufügen:

In bürgerlichen Streitverfahren einschließlich schiedsrichterlicher Verfahren, in Strafsachen und in verwaltungsgerichtlichen Verfahren hat der Rechtsanwalt ferner seine Berufstätigkeit als Prozeßbevollmächtigter zu versagen, wenn er zu seinem Auftraggeber in einem ständigen Dienst- oder ähnlichen ständigen Geschäftsverhältnis steht[6a].

6a. § 31 Abs. 2 ist durch Art. 1 Nr. 8 des Gesetzes vom 20. Dezember 1934 (RGBl. I S. 1258) eingefügt. Wegen des Inkrafttretens vgl. Art. 3 daselbst, abgedruckt in Anm. 12a zu § 13 (S. 5 dieses Nachtrags).

Zu Seite 28.

1. Der Anmerkung 8 zu § 34 ist hinzuzufügen:

Wegen der Beiordnung eines Anwalts für die arme Partei bei auswärtigen Beweisaufnahmen durch den ersuchten Richter vgl. den Bescheid des Reichsministers der Justiz vom 26. Januar 1935 (Deutsche Justiz S. 202).

2. Der § 36 nebst Anmerkung lautet jetzt:

§ 36.

d) Auswahl des Pflichtanwalts.

Der beizuordnende Rechtsanwalt wird durch den Vorsitzenden des Gerichts aus der Zahl der bei diesem zugelassenen Rechtsanwälte ausgewählt. Befinden sich an einem Orte mehrere Amtsgerichte, so kann das Amtsgericht auch einen Rechtsanwalt beiordnen, der bei einem anderen Amtsgericht dieses Ortes zugelassen ist. Sind bei einem Amtsgericht keine Rechtsanwälte zugelassen oder die zugelassenen Rechtsanwälte an der Vertretung behindert, so kann ein Rechtsanwalt beigeordnet werden, der bei einem anderen Gericht desselben Ortes und mangels eines solchen bei einem benachbarten Amtsgericht oder dem übergeordneten Landgericht zugelassen ist[10].

Gegen die Verfügung steht der Partei und dem Rechtsanwalte die Beschwerde nach Maßgabe der Zivilprozeßordnung zu[10a].

10. Die Fassung des § 36 Abs. 1 beruht auf Art. 1 Nr. 9 des Gesetzes vom 20. Dezember 1934 (RGBl. I S. 1258).

10a. S. §§ 567 f. ZPO.

Zu Seite 32.

Der Anmerkung 3 zu § 43 ist anzufügen:

Diese Regelung ist durch das zweite Gesetz über die Vorstände der Anwaltskammern vom 30. März 1935 (RGBl. I S. 469) bis zum 30. September 1935 erstreckt. Das Gesetz lautet:

Die Regelung, die für die Besetzung der Vorstände der Anwaltskammern in dem Gesetz vom 6. Januar 1935 (Reichsgesetzbl. I S. 21) getroffen ist, bleibt bis zum 30. September 1935 in Kraft.

Zu Seite 53/54.

Dem § 86 Abs. 1 ist als Satz 2 anzufügen:

Beweiserhebungen durch einen ersuchten Richter kann zur Vorbereitung der Hauptverhandlung auch der Vorsitzende des Ehrengerichts anordnen, wenn das Einholen einer Entscheidung des Ehrengerichts das Verfahren verzögern würde[8a].

8a. Der Satz 2 des § 86 Abs. 1 ist durch Art. 1 Nr. 11 des Gesetzes vom 20. Dezember 1934 (RGBl. I S. 1258) eingefügt.

Zu Seite 34/35.

Der Anmerkung 7 zu § 48 ist folgendes anzufügen:

Diese Vorschrift ist jetzt durch § 61a Abs. 5 RAnwO. (s unten S. 15 dieses Nachtrags) ersetzt. Für die Übergangszeit bestimmt Art. 3 Abs. 2 des am 23. Dezember 1934 in Kraft getretenen Gesetzes vom 20. Dezember 1934 (RGBl. I S. 1258):

Mit dem Inkrafttreten dieses Gesetzes fällt die Vorschrift des § 16 im Kapitel I des Sechsten Teiles der Dritten Verordnung des Reichspräsidenten zur Sicherung von Wirtschaft und Finanzen und zur Bekämpfung politischer Ausschreitungen vom 6. Oktober 1931 (Reichsgesetzbl. I S. 537, 564) weg; Sonderbeiträge, deren Erhebung auf Grund dieser Vorschrift bereits vom Vorstand der Anwaltskammer beschlossen war, können jedoch für das laufende Geschäftsjahr weitererhoben werden.

Über die Aufstellung und Ausführung des Haushaltsplanes sowie die Festsetzung der Beiträge bestimmt das am 27. März 1934 in Kraft getretene Gesetz zur Erhaltung und Hebung der Kaufkraft vom 24. März 1934 (RGBl. I S. 235), Abschnitt I (Beiträge-Gesetz):

§ 1.

Die juristischen Personen (Körperschaften, Stiftungen und Anstalten) des öffentlichen Rechts sind zu sparsamer und wirtschaftlicher Finanzgebarung verpflichtet. Sie haben die Leistungsfähigkeit ihrer Mitglieder pfleglich zu behandeln.

§ 2.

(1) Die Vorstände oder die sonst zur Geschäftsführung berufenen Organe der juristischen Personen haben rechtzeitig vor Beginn eines jeden Rechnungsjahrs einen Haushaltsplan festzustellen. Dieser muß alle Einnahmen und Ausgaben — nach Zweckbestimmung und Ansatz getrennt —, die für das Rechnungsjahr zu erwarten sind, ausweisen und zum Ausgleich bringen. Es dürfen nur solche Ausgaben eingestellt werden, die nach gewissen-

hafter Prüfung zur Erfüllung der Aufgaben erforderlich sind, die der juristischen Person nach Gesetz oder Satzung obliegen.

(2) Der zuständige Reichsminister kann anordnen, daß der Haushaltsplan vor der Feststellung durch ein Organ der juristischen Person beraten wird.

§ 3.

Wenn die juristische Person berechtigt ist, von ihren Mitgliedern Umlagen oder Beiträge zu erheben, ist die Höhe der Umlagen oder Beiträge für das neue Rechnungsjahr gleichzeitig mit der Feststellung des Haushaltsplanes festzusetzen.

§ 4.

(1) Die Haushaltspläne und die Festsetzung der Umlagen und Beiträge bedürfen der Genehmigung des zuständigen Reichsministers. Die Festsetzung der Umlagen und Beiträge bedarf außerdem der Zustimmung des Reichsministers der Finanzen. Die Haushaltspläne und die Festsetzung der Umlagen und Beiträge sind zu dem Zeitpunkt, den der zuständige Reichsminister bestimmt, spätestens jedoch einen Monat vor Beginn des neuen Rechnungsjahrs, dem zuständigen Reichsminister und dem Reichsminister der Finanzen mitzuteilen. Die Haushaltspläne und die Umlagen und Beiträge können nur gleichzeitig in Kraft gesetzt werden.

(2) §§ 9b und 9c der Reichshaushaltsordnung werden nicht berührt.

§ 5.

(1) Nach Abschluß des Rechnungsjahrs haben die Vorstände oder die sonst zur Geschäftsführung berufenen Organe der juristischen Personen über alle Einnahmen und Ausgaben des abgeschlossenen Rechnungsjahrs Rechnung zu legen (Haushaltsrechnung).

(2) Der zuständige Reichsminister kann die Vorprüfung der Haushaltsrechnung durch ein Organ der juristischen Person anordnen.

Noch zu Seite 34/35.

(3) Der zuständige Reichsminister bestimmt im Einvernehmen mit dem Reichsminister der Finanzen die Stelle, von der die Haushaltsrechnung geprüft wird. Der Rechnungshof des Deutschen Reichs oder dessen Präsident kann nur im Benehmen mit dem Präsidenten des Rechnungshofs als Prüfungsstelle bestimmt werden.

(4) . . . . .

(5) Die Entlastung erteilen der zuständige Reichsminister und der Reichsminister der Finanzen.

§ 6.

Auf die Aufstellung und Ausführung des Haushaltsplanes, die Kassenführung und Buchführung, die Rechnungslegung, die Rechnungsprüfung und die Erteilung der Entlastung finden die Vorschriften der Reichshaushaltsordnung sinngemäß Anwendung.

§ 8.

(1) Der zuständige Reichsminister kann im Einvernehmen mit dem Reichsminister der Finanzen die in diesem Gesetz bezeichneten Aufsichtsrechte auf andere Behörden übertragen.

(2) . . . . .

Die nach § 6 des Beiträgegesetzes sinngemäß anwendbaren Vorschriften der Reichshaushaltsordnung sind in ihrer derzeit geltenden Fassung aus der Bekanntmachung vom 14. April 1930 (RGBl. II S. 693) sowie dem Änderungsgesetz vom 13. Dezember 1933 (RGBl. II S. 1007) zu ersehen.

Zu Seite 41/42.

Dem § 61a ist als Abs. 5 anzufügen:

Die Reichs-Rechtsanwaltskammer kann anordnen, daß die Anwaltskammern außer den im § 48 Nr. 2 bestimmten Beiträgen Sonderbeiträge zur Unterstützung notleidender Rechtsanwälte, früherer Rechtsanwälte oder deren Hinterbliebener erheben und über die Verwendung dieser Sonderbeiträge, insbesondere ihre Zuweisung an soziale Einrichtungen zugunsten der Anwaltschaft, Bestimmungen treffen. Für die Einziehung der Sonderbeiträge durch die Anwaltskammern gilt § 58b entsprechend[12].

12. § 61a Abs. 5 ist durch Art. 1 Nr. 10 des Gesetzes vom 20. Dezember 1934 (RGBl. I S. 1258) eingefügt. S. auch die Übergangsvorschrift in Art. 3 Abs. 2 jenes Gesetzes, abgedruckt oben Anm. 7 zu § 48 (S. 12 dieses Nachtrags). Wegen der Genehmigung der Beitragserhebung s. die ebenda abgedruckten Bestimmungen des Beiträgegesetzes.

Zu Seite 43.

1. Dem § 62 ist als Anmerkung 1a hinzuzufügen:

Über die Zuständigkeit für Gnadenerweise bestimmt der Erlaß des Führers und Reichskanzlers vom 27. Februar 1935 (Deutsche Justiz S. 356):

Auf Grund des § 8 des Reichsstatthaltergesetzes vom 30. Januar 1935 (RGBl. I S. 65) bestimme ich über die Ausübung des Gnadenrechtes in Ehrengerichtssachen der Rechtsanwälte, was folgt:

I. Ich behalte mir vor

1. die Niederschlagung ehrengerichtlicher Verfahren,
2. die gnadenweise Aufhebung der Strafe der Ausschließung von der Rechtsanwaltschaft.

II. Im übrigen übertrage ich die Befugnis zu Gnadenerweisen und ablehnenden Entschließungen dem Reichsminister der Justiz.

Wegen des Verfahrens bei der Vorlegung von Gnadengesuchen vgl. AV. des RJM. vom 23. März 1935 (Deutsche Justiz S. 480).

2. In der Anmerkung 1 zu § 63 muß es in Zeile 2 statt „September" richtig „März" heißen.

Zu Seite 67.

Dem § 98 ist als Anmerkung 1a hinzuzufügen:

Wegen der Befugnis der beim Bayerischen Obersten Landesgericht zugelassen gewesenen Rechtsanwälte, in Sachen, die am 1. April 1935 auf das Reichsgericht übergegangen sind, die Prozeßvertretung vor dem Reichsgericht fortzuführen, bestimmt § 2 der VO. über Änderungen des Gerichtswesens in Bayern vom 19. März 1935 (RGBl. I S. 383):

§ 2. Für bürgerliche Rechtsstreitigkeiten gilt folgendes:

1. bis 2. . . . . . .

3. War in einer Sache, in der sich das Bayerische Oberste Landesgericht vor dem 1. April 1935 gemäß § 7 Abs. 2 des Einführungsgesetzes zur Zivilprozeßordnung für zuständig erklärt hatte, ein bei diesem Gericht zugelassener Rechtsanwalt zum Prozeßbevollmächtigten bestellt, so kann er die Prozeßvertretung vor dem Reichsgericht fortführen.

Zu Seite 69.

Die Anmerkung 2 zu § 104 lautet jetzt:

2. Mit der Aufhebung des Bayerischen Obersten Landesgerichts durch die VO. zur Änderung des Gerichtswesens in Bayern v. 19. März 1935 (RGBl. I S. 383) ist die Vorschrift gegenstandslos geworden.

Einzufügen nach Seite 71.

Anhang

A. Richtlinien für die Ausübung des Anwaltsberufs

Aufgestellt
von der
Reichs-Rechtsanwalts-Kammer.

(Ausgabe 1935)

Inhalt.

Mit dem 1. Mai 1934 ist die Standesehrengerichtsbarkeit im zweiten Rechtszuge auf den Ehrengerichtshof bei der Reichs-Rechtsanwalts-Kammer übergegangen. Damit übernimmt die Anwaltschaft in erhöhtem Maße die Verantwortung und Verpflichtung vor der deutschen Volksgemeinschaft, für Rechtlichkeit und Lauterkeit in den eigenen Reihen einzustehen und sich als verantwortungsbewußten Träger des Rechtsgedankens zu erweisen und zu erhalten.

Für die Art der Berufsausübung gibt die Rechtsanwaltsordnung nur wenige Vorschriften. Standesrecht, geschaffen aus Überlieferung und Ehrenrechtsprechung, hat ergänzende Grundsätze herausgebildet. Die jetzige Neuordnung läßt es geboten erscheinen, die für die Ausübung des Anwaltsberufs geltenden Richtlinien neu zu fassen und mit den Anschauungen des Dritten Reiches in Einklang zu bringen. Diese Richtlinien können das anwaltliche Standesrecht nicht erschöpfen. Den Anforderungen der Standesehre wird nicht der Anwalt genügen, der sich sklavisch an den Buchstaben dieser Richtlinien hält. Nur der Anwalt wird seinen Pflichten gegenüber dem Stande und damit gegenüber der Volksgemeinschaft und dem Staat gerecht werden, der von dem Geiste eines freien Dieners am Recht durchdrungen ist. Dazu gehört in erster Linie das Zurückstellen der eigenen Person und eigener Interessen hinter einer gewissenhaften, die Belange der Gesamtheit wahrenden Berufsausübung.

Jeder Anwalt ist verpflichtet, sich mit dem geltenden Standesrecht vertraut zu machen. Es ist Pflicht des Kammervorstandes, über die gewissenhafte Berufsausübung im Sinne dieser Richtlinien zu wachen und Verfehlungen notfalls im ehrengerichtlichen Verfahren zu ahnden. Kein Anwalt kann sich auf Unkenntnis des Standesrechts berufen.

A. Die Stellung des Anwalts zu Volk und Staat.

1. Der Anwalt ist als freier Diener am Recht ein unentbehrliches Organ in der Rechtspflege und damit im Gesamtaufbau des deutschen Volkes. Er muß sich der Pflichten, die ihm aus dieser Stellung zu Staat und Volk beruflich und außerberuflich erwachsen, stets bewußt sein und sich seines Standes würdig erweisen. Jeder Anwalt muß sein Verhalten so einrichten, daß die Bevölkerung mit Vertrauen und Achtung auf die Anwaltschaft blicken kann.

2. Trägerin des deutschen Staats- und Rechtsgedankens ist die NSDAP. In ihrem Sinne soll der Anwalt deutschen Blutes an den großen Aufgaben des Volkes mitarbeiten und sich in der nationalsozialistischen Bewegung und ihren Organisationen nach Kräften betätigen. Nur so kann er den lebendigen Zusammenhang mit dem Volksganzen gewinnen und erhalten und aus ihm die Kenntnis der Rechtsauffassung des Volkes schöpfen und vertreten.

Aber auch der nicht-arische Anwalt muß seine Berufsausübung und sein sonstiges Verhalten nach den Rechtsauffassungen und den Lebensinteressen des deutschen Volkes einrichten.

3. Eine öffentliche schriftstellerische oder rednerische Tätigkeit muß sachlich und in würdiger Form vor sich gehen und darf nicht offensichtlich standeswidriger Reklame dienen.

4. Die selbstlose Rechtsbetreuung der minderbemittelten Bevölkerung im Rahmen der hierfür geschaffenen Einrichtungen ist für jeden Anwalt deutschen Blutes Ehrenpflicht.

5. Der Anwalt des Rechts darf keine volks- und staatsfeindlichen Bestrebungen mittelbar oder unmittelbar fördern. Wird ein Anwalt in die Notwendigkeit versetzt, einen Schädling an Volk oder Staat zu vertreten, so muß er dabei jederzeit die Belange des deutschen Volkes beachten.

6. Der Anwalt soll der Gerechtigkeit und der Wahrheit dienen. Er muß es daher ablehnen, offensichtlich unsoziale, undeutsche Rechtsauffassungen zu vertreten, die mit dem gesunden Volksempfinden im Widerspruch stehen. Ebenso muß er Winkelzüge und Zweideutigkeiten vermeiden. Eine offene, gerade Art der Rechtsvertretung schafft dem Stande Ansehen und Vertrauen.

7. Der Anwalt hat die Pflicht zu strenger Sachlichkeit und zur gewissenhaften Prüfung der Unterlagen. Bei außergerichtlicher Befragung von Zeugen, die in besonderen Fällen zulässig sein kann, muß der Anwalt jeden Verdacht eines Beeinflussungsversuches vermeiden.

Ansprüche seiner Auftraggeber, die der Anwalt für gegeben hält, soll er mit ruhiger Entschiedenheit verfolgen, sich dabei aber stets anständiger Kampfesmittel bedienen. Er hüte sich, ohne zwingenden Grund den Verdacht strafbarer Handlungen auszusprechen oder unnötig dritte Personen, wie das Gericht oder den Gegenanwalt, in den Streit der Parteien hineinzuziehen.

8. Verstöße gegen die Standespflichten, also auch gegen die Pflicht zur Sachlichkeit können durch Berufung auf ausdrückliche Parteianweisung nicht entschuldigt werden.

B. Die Stellung des Anwalts zu Gericht und Behörden.

9. Der Anwalt ist der berufene Vertreter der Rechtsuchenden. Er hilft das Recht suchen, das der Richter finden soll, und muß dahin wirken, daß ein Recht gesprochen wird, das deutschem Rechtsbewußtsein und Rechtsempfinden entspricht.

Hinter dem Richter steht das Ansehen und die Macht des Staates. Deshalb muß der Anwalt vor dem Richter die Würde des Gerichts wahren. Unbeschadet der Wahrung der Rechte seines Schutzbefohlenen und der Würde der Anwaltschaft als eines gleichgeordneten Organs der Rechtspflege muß er in der Art seines Auftretens die Achtung vor dem Gericht zum Ausdruck bringen.

10. Soweit eine Amtstracht vorgesehen ist, ist diese anzulegen; aber auch sonst hat der Anwalt in angemessener Kleidung vor Gericht aufzutreten.

11. Der Anwalt soll auf die Herstellung eines Vertrauensverhältnisses zum Gericht und dadurch auf eine gedeihliche Förderung der Rechtspflege hinwirken.

12. Ein Gleiches gilt für das Verhältnis zu Verwaltungsbehörden und Verwaltungsgerichten.

C. Verhältnis zu den Standesgenossen.

I. Vorstand der Anwaltskammer.

13. Über die Wahrung der Standespflicht hat der Kammervorstand zu wachen. Der Anwalt schuldet dem Vorstande der Anwaltskammer daher als dem berufenen Vertreter des Standes Achtung, Rücksicht und Offenheit.

Er hat den Anordnungen und Aufforderungen des Vorstandes unverzüglich nachzukommen und ihm jede erforderliche Auskunft zu geben. Die Verletzung der dem Anwalt gegenüber dem Vorstand obliegenden Verpflichtungen ist eine Verletzung der Standespflichten.

II. Pflicht der Standesgemeinschaft.

14. Die Pflicht der Standesgemeinschaft gebietet dem Anwalt, persönliche Angriffe gegen den Gegenanwalt vor der Öffentlichkeit zu unterlassen und darauf zu achten, daß durch die Art seiner Ausführungen das Ansehen der Standesgenossen und des Standes gewahrt bleibt.

15. Jeder Anwalt hat darauf zu achten, daß auch andere Berufsgenossen nicht gegen die Standesehre verstoßen. Bei Verstößen soll er sich zunächst an den zuständigen Kammervorstand wenden; glaubt er, gegen einen anderen Anwalt Schritte bei Behörden unternehmen oder gar Strafanzeige erstatten zu müssen, soll er ebenfalls vorher dem Kammervorstand Mitteilung machen, damit dieser in geeigneten Fällen eingreifen kann.

Vor Erhebung einer Zivilklage gegen einen anderen Anwalt wird diesem Gelegenheit zu außergerichtlicher Regelung zu geben sein.

16. Bei Meinungsverschiedenheiten oder Streitigkeiten zwischen Standesgenossen haben die Beteiligten zunächst den Versuch einer gütlichen Einigung zu machen und hierfür entweder geeignete erfahrene Standesgenossen ihres Vertrauens oder den vom Kammervorstand eingesetzten Schlichtungsausschuß anzurufen.

Solche Streitigkeiten darf der Anwalt nicht in die Öffentlichkeit bringen oder sonst vor weiteren Kreisen erörtern.

17. Bei Terminen muß der Anwalt pünktlich zur festgesetzten oder mit dem Gegner vereinbarten Zeit verhandlungsbereit sein. Verspätungen müssen auch an Orten mit mehreren Gerichten vermieden werden.

Gleichwohl erscheint die Erwirkung eines Versäumnisurteils gegen die durch einen Anwalt vertretene Partei ohne vorherige Androhung in der Regel als unzulässig. Über die Zulässigkeit sonstiger einseitiger Anträge entscheidet der Ortsgebrauch.

18. Im Einzelfalle ist mit besonderer Sorgfalt abzuwägen, ob das Interesse des Auftraggebers die Hintansetzung der Rücksichtnahme auf den Berufsgenossen ausnahmsweise verlangt. Die ausdrückliche Anweisung des Auftraggebers allein genügt nicht.

19. Es ist unzulässig, mit der durch einen Anwalt vertretenen Gegenpartei unmittelbar in Verbindung zu treten, sofern der Gegenanwalt nicht einverstanden ist. In gewissen Fällen (z. B. bei Abgabe materieller Willenserklärungen, bei der Zwangsvollstreckung) kann eine Abweichung von dieser Übung zulässig sein. Wenn ausnahmsweise unmittelbare Schreiben an die Gegenpartei gerichtet werden, ist gleichzeitig dem Gegenanwalt Abschrift zuzusenden. Doch ist stets der Anschein zu vermeiden, als wollte der Rechtsanwalt den Gegenanwalt umgehen.

20. Vereinbarungen über eine vom Gesetz abweichende sachliche Zuständigkeit sind auf die Sonderfälle zu beschränken, in denen ein unabweisbares Parteiinteresse vorliegt.

III. Gemeinschaftliche Berufsausübung.

21. Der Anwalt unterliegt bei seiner Berufsausübung dem Berufsrecht seines Standes. Er kann sich daher zur gemeinschaftlichen Berufsausübung auch nur mit einem anderen Anwalt, nicht aber mit Angehörigen eines anderen Berufes zusammenschließen.

Eine gemeinschaftliche Berufsausübung zwischen arischen und nichtarischen Anwälten ist grundsätzlich zu vermeiden; auch im sonstigen Verkehr ist beiderseits taktvolle Zurückhaltung geboten.

22. Die Verbindung von Anwälten, die an verschiedenen Gerichten zugelassen sind, ist in der Regel zulässig.

Schriftsätze dürfen jedoch in Kopf und Zeichnung nur den Namen desjenigen Anwalts tragen, der bei dem jeweiligen Instanzgericht zugelassen ist.

Grundsätzlich soll sich ein bei einem Kollegialgericht zugelassener Anwalt — vom Fall der Generalvertretung abgesehen — nur durch einen beim gleichen Gericht zugelassenen Anwalt vertreten lassen; soll mit Zustimmung des Prozeßbevollmächtigten in der mündlichen Verhandlung ein beim Prozeßgericht nicht zugelassener Anwalt die Ausführung der Parteirechte übernehmen, so soll dieser nur neben dem Prozeßbevollmächtigten auftreten.

IV. Ausbildung des Nachwuchses.

23. Der Anwalt ist verpflichtet, die bei ihm beschäftigten, im Vorbereitungsdienst befindlichen Juristen gewissenhaft und sorgsam auszubilden und ihnen Gelegenheit zu geben, in alle in Betracht kommenden Zweige der Anwaltstätigkeit Einblick zu nehmen.

Die Zeugnisse über diese Ausbildungstätigkeit müssen ein klares und ungefälschtes Bild von Befähigung und Leistungen des Ausgebildeten ergeben.

D. Verhältnis zu den Rechtsuchenden.

I. Wahrung der beruflichen Unabhängigkeit.

24. Der Anwalt muß sich unter allen Umständen volle Unabhängigkeit der Berufsausübung wahren. Er muß aufs strengste vermeiden, irgendwelche Bindungen gegenüber dem Auftraggeber einzugehen, die diese Unabhängigkeit gefährden könnten.

Der Rechtsanwalt kann daher die ständige Beratung eines Auftraggebers für eine laufende feste, würdig bemessene Vergütung übernehmen. Er darf aber in ein Angestelltenverhältnis zu ihm nur dann treten, wenn die Freiheit der Berufsausübung gewahrt bleibt.

Liegt in diesen Fällen dem Anwalt auch die Führung von Prozessen ob, so muß er dafür in jedem Fall die vollen Sätze der Gebührenordnungen erhalten; auch die Gebühren für verlorene Prozesse dürfen nicht auf die Pauschalvergütung verrechnet werden.

II. Verschwiegenheitspflicht.

25. Die Pflicht zur Verschwiegenheit erstreckt sich auf alles, was der Anwalt in Ausübung und bei Gelegenheit seiner Berufstätigkeit erfahren hat, sofern er nach den Umständen annehmen muß, daß dessen Geheimhaltung im Interesse des Auftraggebers geboten ist.

Die Pflicht zur Verschwiegenheit erstreckt sich auch über die Beendigung des Mandatsverhältnisses hinaus und besteht auch dem gegenüber, dem die betreffenden Tatsachen bereits von anderer Seite mitgeteilt sind.

Zu beachten ist, daß der Anwalt auch seinen Angehörigen gegenüber verschwiegen sein muß.

Der Anwalt hat seine Kanzleiangestellten und seine sonstigen Mitarbeiter zur Beobachtung der gleichen Verschwiegenheit anzuhalten.

III. Treupflicht.

26. Das Verhältnis zwischen Anwalt und Auftraggeber ist ein Treuverhältnis. Deshalb ist die Übernahme oder Beibehaltung eines Auftrages ausgeschlossen, wo dieses Treuverhältnis nicht bestehen kann.

27. Besondere Sorgfalt hat der Anwalt als Treuhänder anzuwenden. Als Treuhänder hat der Anwalt Pflichten gegenüber allen am Treuhandverhältnis Beteiligten. Sonderinteressen des Mandanten sind dabei nicht zu bevorzugen.

28. Zu treuen Händen überlassene Urkunden und Akten darf der Anwalt niemals seiner Partei überlassen. Die Einsichtnahme durch die Partei muß er persönlich überwachen.

29. Der Anwalt macht sich strafbar, wenn er in derselben Rechtssache beiden Parteien pflichtwidrig dient. Auch wenn die Voraussetzungen des § 356 StGB. nicht erfüllt sind, kann eine Standesverfehlung vorliegen. — Unter „derselben Rechtssache" ist nicht nur der Streitstoff eines Prozesses, sondern die Gesamtheit der dabei in Frage kommenden Tatsachen und Interessen zu verstehen.

IV. Geldverkehr.

30. Die peinlichste Sorgfalt in der Behandlung fremder Gelder ist Voraussetzung für die Vertrauensstellung des Anwalts. Unzuverlässigkeiten im Geldverkehr wird mit allem Nachdruck durch rücksichtslosen Ausschluß aus der Anwaltschaft entgegengetreten werden. Aber selbst der Anschein der leisesten Lässigkeit in Gelddingen muß vermieden werden.

Die Vermengung eigener mit fremden Geldern ist unzulässig, wenn nicht die jederzeitige vollständige Befriedigung des Empfangsberechtigten gesichert ist. Fremde Gelder sind unverzüglich an den Empfangsberechtigten abzuführen.

Fremde Gelder von mehr als 200.— RM., die für längere Zeit aufzubewahren sind, sind so anzulegen, daß sie unbedingt dem Zugriff Dritter entzogen sind, möglichst auf „Anderkonten" eines vertrauenswürdigen Kreditinstituts.

V. Haftungsbeschränkungen.

31. Die allgemeine Vereinbarung des Ausschlusses oder der Beschränkung der Haftung des Rechtsanwalts, insbesondere die formularmäßige Haftungsbeschränkung in Vollmachten, ist unzulässig.

Haftungsbeschränkung durch Vertrag ist in Einzelfällen zulässig, z. B. dann, wenn bei besonders bedeutsamen und schwierigen Angelegenheiten die dem Rechtsanwalt zustehende Vergütung keinen hinreichenden Ausgleich für das hohe Risiko des Anwalts bietet, oder wenn etwa dem Anwalt aus irgendwelchen Gründen die für die gründliche Bearbeitung der Angelegenheit an sich erforderliche Zeit nicht zur Verfügung gestellt werden kann (Terminsnähe, Fristablauf, Geltendmachung von Teilansprüchen).

E. Gebührenfragen.

I. Honorarvereinbarung; Verbot der Unterbietung und Überforderung; Quota litis, Erfolgshonorar.

32. Es ist unzulässig, geringere Gebühren als sie die Gebührenordnung vorschreibt, im voraus zu vereinbaren.

Diese Regel schließt nicht aus, daß im Einzelfalle besonderen Umständen, wie namentlich der Bedürftigkeit eines Auftraggebers, Rechnung getragen wird, sofern nicht darin ein Unterbieten gegenüber den Kollegen liegt und der Verdacht unzulässigen Werbens um Praxis hervorgerufen wird.*)

33. Die Vereinbarung und die Annahme von Honoraren, bei denen die Grenze der Mäßigung überschritten ist, ist unzulässig.

Bei Abschluß der Vereinbarung muß der Auftraggeber stets darauf hingewiesen werden, daß das Honorar von der gesetzlichen Vergütung abweicht.

34. Vereinbarungen, durch die sich der Anwalt eine Quote des zu erstreitenden Betrages als Honorar ausbedingt (quota

---

*) 1. Wie bereits bei der Fortführung der Mandate eines ausgeschiedenen nichtarischen Anwalts ist die Anrechnung der an den bisherigen Anwalt gezahlten Gebühren auf die Gebühren des übernehmenden Anwalts auch dann nicht unzulässig, wenn gegen den bisherigen Anwalt ein Vertretungsverbot aus § 91 a RAO. ergeht oder der bisherige Anwalt das Mandat wegen Widerstreits mit seinen Pflichten als Angehöriger der NSDAP. niederlegt.

Für die sogenannten „Beitreibungssachen“ ist durch Richtlinien der Reichs-Rechtsanwalts-Kammer vom 28. Dezember 1934 die Möglichkeit geschaffen, eine von der Gebührenordnnng abweichende Gebührenberechnung mit dem ständigen Auftraggeber zu vereinbaren.

litis), sind grundsätzlich unzulässig. Das gleiche gilt auch in der Regel für Vereinbarungen, durch die der Honoraranspruch ganz oder teilweise von dem erzielten Erfolg abhängig gemacht wird. Nur in Ausnahmefällen kann die Vereinbarung eines Erfolgshonorars als zulässig erachtet werden, wenn z. B. die Partei erst durch den Erfolg in die Lage kommt, ein angemessenes Honorar zu entrichten.

Bei Vereinbarungen dieser Art ist aber mit besonderer Sorgfalt und Gewissenhaftigkeit zu prüfen, ob der Anwalt nicht Gefahr läuft, dadurch in eine Interessengemeinschaft mit der Partei oder auch nur in den Verdacht einer solchen zu geraten, die sich mit seiner Stellung als Rechtspflegeorgan nicht verträgt.

35. Wenn ein festes Honorar für eine umfangreiche Tätigkeit vereinbart ist, muß es gemindert werden, wenn die Tätigkeit nicht den erwarteten Umfang hat. Dies gilt auch für Strafsachen.

Die Vereinbarung, daß das Honorar in voller Höhe zu bezahlen ist, auch wenn der Auftrag alsbald zurückgenommen oder gekündigt wird, ist unzulässig.

36. Solange die Frage, ob die Gebühr des § 87 der Rechtsanwalts-Gebühren-Ordnung (Gelderhebungsgebühr) erstattungspflichtig ist, in Wissenschaft und Rechtsprechung umstritten wird, ist der Anwalt, der die Erstattungspflicht bejaht, berechtigt, die Gebühr von dem Schuldner zu fordern. Der Anwalt, der die Zahlung der Streitsumme an sich fordert und die Gelderhebungsgebühr zu liquidieren beabsichtigt, muß den Schuldner zuvor auf die Entstehung der Gebühr hinweisen.

II. Pauschalvergütung.

37. Die Vereinbarung von Pauschalhonoraren mit Auftraggebern, insbesondere auch mit Wirtschaftsverbänden, Fachvereinen usw., ist zulässig, soweit es sich um die Beratung des Vereins und seiner Mitglieder auf dem Sondergebiet ihrer Fachinteressen handelt.

Das Honorar muß im angemessenen Verhältnis zur voraussichtlichen Leistung des Anwalts stehen.

Das Pauschalhonorar darf Gebühren für Prozeßführung und Zwangsvollstreckung sowie für die Vertretung dieser Vereinsmitglieder in Strafsachen nicht umfassen.

III. Liquidation und Beitreibung.

38. Es kann beanstandet werden, kleinste Beträge von Gebühren und Auslagen zwangsweise einzuziehen, wenn durch die Beitreibung unverhältnismäßig hohe Kosten entstehen. Bei der Eintreibung eigener Gebühren ist rücksichtsvoll vorzugehen. Dies gilt insbesondere von Armensachen. Soziale Härten sind zu vermeiden.

IV. Unzulässigkeit der Gebührenteilung.

39. Die Abgabe von Gebühren oder die Gewährung sonstiger Vorteile, gleich, ob sie an Anwälte oder an andere Personen erfolgt, für die Übertragung von Mandaten ist unzulässig. Das gleiche gilt auch für die Gewährung von Vorteilen an Nichtanwälte für geleistete Mitarbeit.

F. Armensachen.

I. Allgemeines.

40. Der Anwalt ist verpflichtet, der Behandlung der Armensachen dieselbe Sorgfalt zu widmen wie der der sonstigen Aufträge. Er muß unbedingt vermeiden, daß bei der armen Partei der Eindruck entsteht, als betrachte er die Armensache wegen der geringen ihm zustehenden Vergütung als Sache von minderer Wichtigkeit.

II. Honorarversprechen in Armensachen.

41. Eine Vereinbarung, in welcher der zur vorläufig unentgeltlichen Wahrnehmung von Parteirechten beigeordnete Anwalt sich von der Partei die Zahlung irgendwelcher Gebühren oder Honorare versprechen läßt, verstößt — unabhängig von den rechtlichen Bedenken, die gegen die Wirksamkeit solcher Abrede bestehen — unter allen Umständen gegen die Standespflichten.

Standesunwürdig sind danach insbesondere auch Vereinbarungen, durch welche die arme Partei die Zahlung desjenigen Teiles der gesetzlichen Gebühren, den der Anwalt nicht aus der Staatskasse erhält, oder von Beträgen, die zur Deckung von Auslagen dienen sollen, verspricht.

Alle derartigen Vereinbarungen sind auch dann standesunwürdig, wenn die Partei in dem Abkommen ausdrücklich erklärt, daß sie die Leistung freiwillig verspreche, obwohl ihr bekannt sei, daß sie nach dem Gesetz zur Leistung der übernommenen Zahlung nicht angehalten werden könne. Der Anwalt handelt standeswidrig, wenn er aus solchem Abkommen Rechte herleitet.

42. Vorsicht ist zu üben bei Entgegennahme derartiger Zahlungsversprechen seitens dritter Personen, da hierin eine Umgehung der §§ 115, 125 ZPO. erblickt werden kann.

43. Dagegen ist es zulässig, Honorarzahlungen oder sonstige Leistungen anzunehmen, die in Kenntnis der Tatsache, daß eine Verpflichtung zur Zahlung oder Leistung nicht besteht, von der armen Partei oder einem Dritten vollkommen aus freien Stücken angeboten und geleistet werden.

III. Nachforderung bei Besserung der Vermögenslage.

44. Es ist herrschende Meinung in der Rechtsprechung, daß der beigeordnete Armenanwalt seine Gebühren von der armen Partei erst dann fordern kann, wenn ein Gerichtsbeschluß aus § 126 ZPO. vorliegt. Will der Armenanwalt dieser Meinung nicht folgen, so hat er die Frage, ob die Partei in günstigere Vermögensverhältnisse im Sinne des § 126 ZPO. gelangt ist, mit größter Vorsicht und Sorgfalt zu prüfen.

45. Eine Zurückbehaltung der Akten der armen Partei gegenüber ist unzulässig, solange nicht der Beschluß gemäß § 126 ZPO. ergangen ist.

IV. Rückwirkung des Armenrechts.

46. In den Fällen, in denen der Anwalt schon bei Übernahme des Mandats sich bereit erklärt hat, die Vertretung als Armenanwalt zu übernehmen und nur die Beschlußfassung über die Bewilligung des Armenrechts zeitlich nach dem Beginne seiner Tätigkeit liegt, wirkt die Bewilligung des Armenrechts vom Standpunkt des Standesrechts dahin zurück, daß der Anwalt von vornherein der Partei gegenüber als Armenanwalt gilt, und daß der Anwalt auch für den Antrag auf Bewilligung des Armenrechts und die dazu gehörige Bearbeitung keine Gebühren und kein Honorar von der armen Partei fordern darf.

V. Honorar für den Fall der Nichtbeiordnung.

47. In dem der Entschließung über den Armenrechtsantrag vorgehenden Ermittlungsverfahren erscheint die Abrede eines

Honorars für den Fall, daß es entweder nicht zur Erteilung des Armenrechts oder nicht zur Beiordnung des Anwalts kommt, zulässig; der Mandant ist bei einer solchen Vereinbarung darauf hinzuweisen, daß er dieses Honorar nicht zu zahlen hat oder daß er es zurückerhält, falls es zur Erteilung des Armenrechts und der Beiordnung des beauftragten Armenanwalts kommt.

48. Der Anwalt, der sich der Partei gegenüber bereit erklärt, sie als Armenanwalt für den Fall der Beiordnung zu vertreten, hat seine Partei bei Übernahme der Vertretung darüber zu belehren, welche Gebühren für ihn entstehen, falls das Armenrecht vom Gericht abgelehnt wird, weil entweder die Rechtsverfolgung als nicht aussichtsvoll oder der Fall der Armut nicht als dargetan angesehen wird, oder falls eine Beiordnung als Armenanwalt abgelehnt wird. Unterläßt er diese Belehrung, so darf er für das Armenrechtsgesuch und seine sonstige Tätigkeit im Prozeß kein Honorar verlangen.

VI. Wandlung des freien Mandats in ein Armenmandat.

49. Wenn die Bewilligung des Armenrechts im Laufe eines Rechtsstreits erfolgt, so behält der beigeordnete Anwalt, der schon vorher als Wahlanwalt tätig war, den Anspruch auf die bis dahin entstandenen Gebühren, es sei denn, daß die Bewilligung des Armenrechts nachträglich auf seinen Antrag mit rückwirkender Kraft erfolgt ist.

Er handelt aber standeswidrig, wenn er vor der Beendigung des Pflichtmandats wegen der vor der Beiordnung entstandenen Gebühren gegen seine Partei klagbar wird oder seine Tätigkeit als Pflichtanwalt von der Begleichung dieser vor der Beiordnung entstandenen Gebühren abhängig macht.

G. Besonderheiten für Strafsachen.

50. Strafverteidiger dürfen ohne Erlaubnis der zuständigen Stelle einem Untersuchungs- oder Strafgefangenen Schriftstücke oder Gegenstände irgendwelcher Art nicht bringen oder von ihm entgegennehmen. Dies gilt auch für die an sich harmlos erscheinende Übermittelung von Eßwaren, Tabakwaren, Lesestoff und ähnlichem. Bei mündlicher Mitteilung von Nachrichten muß der Anwalt sich vergegenwärtigen, daß er nicht den Zweck der Untersuchung oder der Strafe durch seine Vermittlung gefährden darf.

51. Bei Strafverteidigung hat der Anwalt ganz besonders darauf zu achten, daß er nicht in den Verdacht gerät, „Sensationen" zu schaffen oder Reklame für sich selbst zu machen.

52. Im übrigen gelten auch für Strafsachen alle vorstehenden Richtlinien.

H. Einrichtung der Praxis.

I. Verbot der Reklame und des Werbens um Praxis.

53. Der Anwalt darf seine Dienste nicht wie ein Gewerbetreibender anbieten.

54. Das Schild des Anwalts soll nur an dem Hause angebracht werden, in dem sich die Kanzlei des Anwalts befindet; Größe, Text, Form und Zahl der Schilder haben alles Reklamehafte zu vermeiden.

55. Die Begründung der Kanzlei und ihre Verlegung, auch die Veränderungen, die sich durch Ein- und Austritt von Sozien ergeben, dürfen angezeigt werden; Einzelheiten des Kanzleibetriebes, wie Einrichtung oder Änderung besonderer Sprechstunden, Änderung der Fernsprechnummern, Antritt einer Reise oder Rückkehr von ihr und ähnliches dürfen nicht angezeigt werden.

Die Anzeige muß sich auf das Nötigste beschränken, und darf keine übertriebene auffällige und reklamehafte Form haben. Sie darf ein- bis zweimal in der Fachpresse der Anwaltschaft und in Tageszeitungen des Bezirks erscheinen, an dessen Gerichten der Anwalt regelmäßig tätig ist.

56. Bei Begründung oder Verlegung der Kanzlei usw. ist auch eine Bekanntgabe durch Rundschreiben zulässig. Diese darf aber nur an die Rechtsanwälte und Notare des Gerichtsbezirks, an andere Rechtsanwälte und Notare, mit denen der Anzeigende bereits in beruflicher Beziehung steht, und an die bereits vorhandene Klientel des Anzeigenden gerichtet werden.

57. Der Anwalt darf nicht dazu mitwirken, daß sein Name in nichtamtliche Verzeichnisse, Adreßbücher, Geschäftskalender, Zeitschriften usw. aufgenommen wird, die nur eine beschränkte Anzahl von Anwaltsadressen enthalten.

Die Unterstützung eines solchen Verfahrens durch Zahlung einer etwa geforderten Gebühr, durch Aufgabe einer Bestellung auf das Werk und Ähnliches ist standeswidrig.

Der Anwalt ist verpflichtet, darauf hinzuwirken, daß seine Aufnahme in solche Verzeichnisse usw. unterbleibt; er hat insbesondere auch sein Kanzleipersonal dahin zu überwachen, daß nicht von diesem derartige Unternehmungen unterstützt werden.

Entsprechendes gilt für solche Verzeichnisse und sonstige Werke, die zwar vollständige Listen der Anwälte bringen, dabei aber einzelne Adressen im Druck besonders hervorheben.

58. Bei Vereinigungen, deren Bekanntmachungen sich auf den Kreis der Mitglieder beschränken, ist die Nennung von Anwälten in Jahresberichten oder Verzeichnissen der Vereinseinrichtungen unbedenklich, wenn jeder Schein von Anpreisung vermieden wird.

Dagegen ist die Nennung von Anwälten in den regelmäßigen periodischen Veröffentlichungen der Vereinigungen zu beanstanden.

II. Fachanwaltschaft.

59. Dem Anwalt ist es verboten, nach außen hin kundzumachen, daß er ein Spezialgebiet besonders bearbeite. Die vor einigen Jahren eingeführte Möglichkeit, sich unter gewissen Voraussetzungen als Fachanwalt für ein bestimmtes Rechtsgebiet dem Publikum gegenüber zu bezeichnen, besteht nicht mehr; das Standesrecht ist vielmehr zu der Auffassung zurückgekehrt, daß ein derartiges Verfahren unzulässig ist.

III. Titelführung.

60. Die Führung von nicht im Anwaltsberufe erworbenen Titeln und Amtsbezeichnungen ist unzulässig, soweit es sich um die Ausübung des Anwaltsberufs handelt. Hiervon sind nur der Doktorgrad und die Amtsbezeichnung als Notar ausgenommen.

Das gilt auch von Titeln und Amtsbezeichnungen, die eine nebenberufliche Tätigkeit des Rechtsanwalts bezeichnen, und zwar auch für den Fall, daß diese nebenberufliche Tätigkeit in engem und innerem Zusammenhange mit dem Anwaltsberufe steht (Professor an der Universität, Dozent an der Handelshochschule, Vorsitzender des Arbeitsgerichts).

IV. Zweigbüros und Sprechtage.

61. Der Anwalt darf ein Zweigbüro nur mit Einwilligung seines Kammervorstandes und des für den Ort des Zweigbüros zuständigen Kammervorstandes errichten.

Für den Geschäftsbetrieb des Zweigbüros gelten die allgemeinen Grundsätze der Berufsausübung. Der Anwalt trägt insbesondere auch für diesen Geschäftsbetrieb die volle eigene Verantwortung und muß den in dem Zweigbüro Rechtsuchenden persönlich zur Verfügung stehen.

Die gleichen Grundsätze gelten für die Einrichtung von Sprechtagen außerhalb des Ortes der Niederlassung.

V. Verkauf der Praxis.

62. Der Kauf und Verkauf einer Rechtsanwaltspraxis, d. h. die Vereinbarung eines Entgelts nicht für bestimmte vorhandene Werte, wie Möbel, Außenstände, sondern für die Praxis als solche, wird im allgemeinen mißbilligt. Bei besonderen Umständen sind Ausnahmen denkbar.

63. Die öffentliche Kundmachung der Absicht, eine Praxis abzugeben oder zu übernehmen, darf nur in Fachzeitschriften erfolgen. Es ist dabei zu beachten, daß die Fassung der Anzeige nicht den Anschein erweckt, als sei der unzulässige Verkauf oder Kauf einer Praxis beabsichtigt.

J. Verhältnis zur Kanzlei.

64. Der Anwalt muß im Verhältnis zu seinen Kanzleiangestellten sich völlige Freiheit erhalten.

Insbesondere muß er die Beziehungen zu den leitenden Kanzleiangestellten so gestalten, daß nicht die selbständige Bestimmung des Anwalts über seine Praxis beeinträchtigt oder gefährdet wird. Unzulässig ist es, Angestellten die Erteilung von Rechtsauskünften zu überlassen.

65. Der Anwalt ist verantwortlich für den Betrieb seiner Kanzlei und muß vor allem dafür Sorge tragen, daß die Kanzlei nicht Maßnahmen trifft, die er selbst nicht treffen darf.

Unzulässig ist insbesondere auch, das Kosten- und Gebührenwesen völlig und ohne eigene Nachprüfung der Kanzlei zu überlassen. Namentlich trägt der Rechtsanwalt persönlich die Verantwortung für die Kostenrechnungen.

66. Unbedingt unzulässig ist jede wirtschaftliche Abhängigkeit von Kanzleiangestellten, insbesondere jede unmittelbare oder mittelbare Gewinnbeteiligung des Kanzleivorstehers.

K. Verkehr mit Prozeßagenten, Rechtsbeiständen und anderen nichtanwaltlichen Rechtsvertretern.

67. Im Verkehr mit Nichtanwälten, die das Verhandeln vor Gericht oder die anderweitige Bearbeitung von Rechtssachen geschäftsmäßig betreiben, ist zwischen folgenden Gruppen von Rechtsvertretern zu unterscheiden:

a) Den Personen, denen das mündliche Verhandeln vor einem Amtsgericht nach § 157 Abs. 3 ZPO. mit Rücksicht auf ein bestehendes Bedürfnis durch Anordnung der Justizverwaltung gestattet ist (Prozeßagenten);

b) den Mitgliedern der der „Deutschen Rechtsfront" angeschlossenen Reichsberufsgruppe Rechtsbeistände, die durch den Prüfungsausschuß für Rechtsbeistände zur Berufstätigkeit zugelassen sind;

c) den ohne Zulassung tätigen Rechtsvertretern (Winkelkonsulenten).

Für Winkelkonsulenten ist im deutschen Rechtsleben kein Raum mehr; der berufliche Verkehr mit ihnen ist daher schlechthin unzulässig.

68. Mit den Prozeßagenten und Rechtsbeiständen ist ein Verkehr zulässig; der Anwalt hat jedoch gewissenhaft darauf zu achten, daß er den Prozeß unter Wahrung der anwaltlichen Standessitte verantwortlich leitet. Er hat seine Selbständigkeit gegenüber dem Prozeßagenten oder Rechtsbeistand zu wahren und alles zu vermeiden, was darauf deuten könnte, daß er die Verbindung zu einer Erweiterung seiner Praxis benutzte.

69. Der allgemeine Grundsatz, daß jegliche Gewährung von Vergütung für die Übertragung von Aufträgen (Gebührenteilung, Auslagenvergütung u. dgl.) unstatthaft ist, ist im Verkehr mit Prozeßagenten und Rechtsbeiständen besonders scharf zu beachten.

Schriftsätze eines Prozeßagenten oder Rechtsbeistandes darf der Rechtsanwalt nur auf Grund selbständiger Durcharbeit als eigene Schriftsätze einreichen.

Der Rechtsanwalt darf nicht durch seinen Beistand Prozeßagenten oder Rechtsbeiständen die Umgehung der ihr Auftreten vor Gericht beschränkenden Vorschriften ermöglichen.

70. Für den Verkehr mit Firmen, Vereinigungen oder anderen Stellen, deren Hauptzweck die Besorgung fremder Rechtsangelegenheiten, insbesondere die Forderungseinziehung ist (Inkassobüros, Kreditreformvereinigungen, Gläubigerschutzverbände u. dgl.) gelten dieselben Grundsätze wie für den Verkehr mit einzelnen nichtanwaltlichen Rechtsvertretern.

Berlin, den 2. Juli 1934.

Reichs-Rechtsanwalts-Kammer.

B. Erlasse der Reichsjustizverwaltung.

1. Zulassung zur Rechtsanwaltschaft und sonstige Angelegenheiten der Rechtsanwälte. AV. d. RJM. v. 16. Jan. 1935 (I a 6087). — Deutsche Justiz S. 94.

Für die den Justizbehörden obliegende Bearbeitung von Angelegenheiten der Rechtsanwälte erlasse ich einheitlich für das ganze Reichsgebiet folgende Bestimmungen:

A. Zulassung zur Rechtsanwaltschaft.

I. Das Zulassungsgesuch.

1. Gesuche um Zulassung zur Rechtsanwaltschaft müssen das Gericht bezeichnen, bei dem der Antragsteller als Rechtsanwalt zugelassen zu werden wünscht.

2. In dem Gesuch ist ferner anzugeben:

a) vor welcher Behörde der Antragsteller die zum Richteramt befähigende Prüfung bestanden hat;

b) ob er arischer oder nichtarischer Abstammung ist; die zum Nachweis der arischen Abstammung erforderlichen Urkunden sind beizufügen, sofern sie nicht schon bei einer früheren Gelegenheit, auf die zu verweisen ist, vorgelegt sind;

c) ob der Antragsteller sich kommunistisch betätigt hat;

d) wenn der Antragsteller infolge strafgerichtlichen Urteils die Fähigkeit zur Bekleidung öffentlicher Ämter dauernd verloren hat oder bei Einreichung des Antrags nicht besitzt, infolge ehrengerichtlichen Urteils von der Rechtsanwaltschaft ausgeschlossen oder infolge gerichtlicher Anordnung in der Verfügung über sein Vermögen beschränkt ist, die gerichtlichen Entscheidungen mit der Bezeichnung des erkennenden Gerichts;

e) welche Beschäftigung der Antragsteller seit Bestehen der großen Staatsprüfung betrieben hat und ob und welche Tätigkeit er nach Zulassung zur Rechtsanwaltschaft etwa weiterbetreiben oder übernehmen will;

f) ob der Antragsteller zu einem der Richter an dem im Antrag genannten Gericht in einem Verhältnis der in § 14 RAO. bezeichneten Art steht;

g) ob dem Antragsteller in den letzten fünf Jahren die Zulassung zur Rechtsanwaltschaft versagt worden ist; die Stelle, von der die Versagung ausgesprochen ist, ist dabei zu bezeichnen;

h) falls die Zulassung bei einem Großstadtgericht oder dem einem solchen gleichgestellten Gericht (§ 13 RAO.) beantragt wird, die Angabe, ob der Antragsteller bezirkseingesessen ist; die zum Nachweis erforderlichen Unterlagen sind beizufügen.

Werden Angaben, die für die Zulassung zur Rechtsanwaltschaft erheblich sind, im Zulassungsgesuch wahrheitswidrig gemacht oder verschwiegen, so hat der Antragsteller, falls er zugelassen wird, ehrengerichtliche Bestrafung zu gewärtigen (§ 64 RAO.).

3. Das Zulassungsgesuch ist bei dem Präsidenten des Oberlandesgerichts einzureichen, zu dessen Bezirk das Gericht gehört, bei dem der Antragsteller seine Zulassung erstrebt. Im Sinne dieser Verfügung gehören ohne Rücksicht auf Landesgrenzen alle Gerichte zum Bezirk des Oberlandesgerichts, die diesem im Rechtszuge unterstellt sind.

Justizbeamte, Rechtsanwälte und Notare haben das Gesuch durch Vermittlung des Oberlandesgerichtspräsidenten einzureichen, dessen Bezirk sie bei Einreichung des Antrags angehören.

II. Behandlung des Zulassungsgesuchs.

1. Beantragt ein Justizbeamter, Rechtsanwalt oder Notar seine Zulassung zur Rechtsanwaltschaft, so gibt der Oberlandesgerichtspräsident, bei dem das Gesuch nach Abschn. I Nr. 3 Abs. 2 eingeht, das Gesuch unter Beifügung der Personalakten des Antragstellers unmittelbar an den in Abschn. I Nr. 3 Abs. 1 bezeichneten Oberlandesgerichtspräsidenten weiter. Er fügt eine

Äußerung darüber bei, ob und welche Versagungsgründe vorliegen und ob etwa Zweifel an der Richtigkeit der Angaben in dem Zulassungsgesuch obwalten. Sind die Angaben im Zulassungsgesuch nicht vollständig oder entsprechen sie nicht den in Abschn. I Nr. 2 bezeichneten Anforderungen, so veranlaßt der Oberlandesgerichtspräsident vor Weitergabe des Gesuchs die Nachbringung der noch fehlenden Angaben und Unterlagen.

2. Der nach Abschn. I Nr. 3 Abs. 1 zuständige OLGPräs. führt, wenn nicht nach Nr. 1 dieses Abschnitts verfahren ist, soweit notwendig die Vervollständigung der Angaben des Gesuchs herbei. Er prüft, ob ein Versagungsgrund vorliegt, und veranlaßt die erforderlichen Ermittlungen zur Aufklärung des Sachverhalts, insbesondere darüber, ob der Antragsteller arischer oder nichtarischer Abstammung ist oder sich kommunistisch betätigt hat.

Ist der Antragsteller vor dem 1. 10. 1933 aus einem Beamtenverhältnis ausgeschieden, so ist von der nach § 7 des Gesetzes zur Wiederherstellung des Berufsbeamtentums in der Fassung des Gesetzes vom 22. 9. 1933 (RGBl. I S. 655) zuständigen Stelle auf dem Dienstwege eine Erklärung darüber einzuholen, ob bei dem Bewerber die Voraussetzungen für die Entlassung nach § 2a oder nach § 4 des genannten Gesetzes in der Fassung des Gesetzes vom 20. 7. 1933 (RGBl. I S. 518) vorgelegen hätten.

3. Nach Abschluß der Ermittlungen fordert der OLGPräs. unter Übersendung der Personalakten und der sonstigen Vorgänge die gutachtliche Äußerung des Vorstandes der Anwaltskammer ein.

Hält der Vorstand der Anwaltskammer weitere Ermittlungen für erforderlich, so ersucht er den OLGPräs. um ihre Vornahme.

Der Vorstand der Anwaltskammer gibt die übersandten Akten und Vorgänge mit seiner gutachtlichen Äußerung an den OLG.-Präs. zurück.

III. Entscheidung über das Gesuch.

1. Der OLGPräs. ist ermächtigt, die Zulassung zu versagen, wenn sie versagt werden muß (§ 5 RAO. und § 3 des Gesetzes vom 7. 4. 1933 — RGBl. I S. 188 —).

Will der OLGPräs. die Versagung aussprechen, weil er einen der in § 5 Nr. 4 bis 6 RAO. bezeichneten Versagungsgründe für vorliegend hält, so hat er über die von ihm in Aussicht genommene Entscheidung unter Darlegung des Sachverhalts und Beifügung der Vorgänge hierher zu berichten und abzuwarten, ob die in Aussicht genommene Entscheidung genehmigt oder andere Weisung erteilt wird.

2. Der OLGPräs. ist ferner ermächtigt, die Zulassung zu versagen, wenn sie nach den §§ 6, 13 oder 14a RAO. oder nach § 2 des Gesetzes vom 7. 4. 1933 (RGBl. I S. 188) versagt werden kann. Liegt einer der in diesen Vorschriften bezeichneten Versagungsgründe vor, so soll von der Befugnis zur Versagung regelmäßig Gebrauch gemacht werden. Für die Anwendung des § 6 Nr. 5 RAO. ist davon auszugehen, daß bei einem Beamten, der nach § 2, § 3, § 5 oder § 6 des Gesetzes zur Wiederherstellung des Berufsbeamtentums entlassen oder in den Ruhestand versetzt worden ist, die Voraussetzungen für die Entlassung nach § 2a oder § 4 des genannten Gesetzes nicht vorgelegen haben.

3. Der OLGPräs. ist ermächtigt, die Zulassung auszusprechen, wenn ein Versagungsgrund nicht vorliegt. Hat der Vorstand der Anwaltskammer sich dahin geäußert, daß er einen der in § 5 Nr. 4 bis 6 RAO. bezeichneten Versagungsgründe für gegeben halte, oder hält der OLGPräs. die Entscheidung darüber, ob einer dieser Versagungsgründe geltend gemacht werden könne, für zweifelhaft, so hat er über die von ihm in Aussicht genommene Entscheidung unter Darlegung des Sachverhalts und Beifügung der Vorgänge hierher zu berichten und abzuwarten, ob die von ihm in Aussicht genommene Entscheidung genehmigt oder andere Weisung erteilt wird.

4. Die in Nr. 1 bis 3 dieses Abschnitts erteilten Ermächtigungen gelten auch für die Fälle des § 9 RAO., bei Entscheidungen vor Ablauf des 31. 12. 1935 jedoch nur, wenn die Zulassung oder Versagung den Grundsätzen entspricht, die auf Grund des Art. 2 des Gesetzes über die Simultanzulassung vom 7. 3. 1927 (RGBl. I S. 71) von der früher für das Gericht zuständigen Landesjustizverwaltung erlassen worden sind.

5. Die in Nr. 1 bis 4 dieses Abschnitts erteilten Ermächtigungen gelten nicht für die Fälle, in denen

a) der Antragsteller planmäßiger Beamter oder ständiger Hilfsarbeiter des höheren Dienstes im Bereich der Justizverwaltung ist;

b) gegen den Antragsteller als Beamten ein förmliches Dienststrafverfahren schwebt oder Ermittlungen zur Einleitung eines solchen Verfahrens angestellt sind;

c) der Antragsteller seine Zulassung nur für den Fall der Ernennung zum Notar oder der Verlegung des Amtssitzes als Notar beantragt.

6. Über ein Zulassungsgesuch entscheide ich, wenn

a) ein Versagungsgrund nach § 14 oder nach § 15 RAO. vorliegt;

b) es sich um eine Zulassung nach § 12 RAO. handelt;

c) der OLGPräs. in einem Falle, in dem er zur Zulassung ermächtigt ist, die Versagung oder in einem Falle, in dem er zur Versagung ermächtigt ist, die Zulassung befürworten will;

d) der Antragsteller, nachdem der OLGPräs. die Zulassung versagt hat, meine Entscheidung beantragt;

e) die Ermächtigung zur Entscheidung nicht erteilt oder im Einzelfall Bericht erfordert ist.

Soweit über ein Zulassungsgesuch von mir zu entscheiden ist, hat der OLGPräs. unter Darlegung des Sachverhalts und Beifügung der Vorgänge unmittelbar hierher zu berichten. In den Bericht ist ein Vorschlag für die von mir zu treffende Entscheidung aufzunehmen.

7. Liegt neben einem der in § 5 Nr. 4 bis 7 RAO. bezeichneten Versagungsgründe noch ein weiterer Grund vor, aus dem die Zulassung versagt werden kann, so ist die Versagung allein auf Grund des § 5 auszusprechen und in dem Bescheid zu bemerken, daß für den Fall einer dem Antragsteller günstigen Entscheidung im ehrengerichtlichen Verfahren die Frage, ob die Zulassung aus einem anderen Grunde zu versagen sei, besonderer Prüfung vorbehalten bleibe.

8. Verfügungen der Oberlandesgerichtspräsidenten, durch die der Antragsteller zur Rechtsanwaltschaft zugelassen wird, sind im Namen des Reichsministers der Justiz zu erlassen und wie folgt zu zeichnen:

Namens des Reichsministers der Justiz.
Der Oberlandesgerichtspräsident.
(Der Kammergerichtspräsident.)

Wird die Zulassungsverfügung durch einen Vertreter gezeichnet, so ist noch der Zusatz „In Vertretung" oder „Im Auftrage" anzubringen.

In der Verfügung, durch die der OLGPräs. die Zulassung versagt, ist zum Ausdruck zu bringen, daß die Versagung im Namen des Reichsministers der Justiz ausgesprochen wird.

9. Die den OLGPräs. erteilte Ermächtigung zur Zulassung umfaßt bei Gerichtsassessoren die Ermächtigung zur Entlassung aus dem Beamtenverhältnis. Diese ist dem Antragsteller in der Zulassungsverfügung ausdrücklich zu erteilen. Bei Bestimmung des Zeitpunktes der Entlassung ist auf die Bedürfnisse der Justizverwaltung angemessen Rücksicht zu nehmen.

Wird ein für die Dauer seiner Zulassung bei einem bestimmten Gericht zum Notar ernannter Rechtsanwalt unter Aufgabe dieser Zulassung zur Rechtsanwaltschaft bei einem anderen Gericht zugelassen, so ist in der Zulassungsverfügung darauf hinzuweisen, daß der Rechtsanwalt mit der Löschung in der Liste der Rechtsanwälte zugleich aus seinem Amt als Notar ausscheidet.

IV. Ehrengerichtliches Zulassungsverfahren.

1. Ist die Zulassung aus einem der in § 5 Nr. 4 bis 7 RAO. bezeichneten Gründe versagt worden, so ist der Antrag auf Entscheidung im ehrengerichtlichen Verfahren (§ 16 Abs. 2 RAO.) bei dem Präsidenten des Oberlandesgerichts einzureichen, zu dessen Bezirk das im Zulassungsantrag bezeichnete Gericht gehört.

2. Der OLGPräs. weist den Antrag als unzulässig zurück, wenn bei Eingang des Antrags die in § 16 Abs. 3 RAO. bezeichnete Frist abgelaufen ist.

3. Hat der OLGPräs. die Versagung ausgesprochen, so ist der rechtzeitig eingegangene Antrag auf Entscheidung im ehrengerichtlichen Verfahren zunächst mit Bericht hierher einzureichen, auch wenn der Antragsteller meine Entscheidung nicht beantragt hat. Wird daraufhin in Abänderung der vom OLGPräs. getroffenen Entscheidung die Zulassung ausgesprochen, so wird der Antrag auf Entscheidung im ehrengerichtlichen Verfahren gegenstandslos. Anderenfalls hat der OLGPräs. den Antrag mit den Vorgängen, nachdem er an ihn zurückgelangt ist, durch den GenStA. dem Vorstand der Anwaltskammer zuzuleiten.

4. Wird der Versagungsgrund durch rechtskräftige Entscheidung im ehrengerichtlichen Verfahren für ungerechtfertigt erklärt, so ist die Zulassung des Antragstellers zu verfügen, es sei denn, daß nunmehr ein anderer Grund vorliegt, der zur Versagung der Zulassung berechtigt. Die Zuständigkeit zur Entscheidung bestimmt sich in diesen Fällen nach Abschn. III.

V. Maßnahmen nach der Zulassung.

1. Wird die Zulassung zur Rechtsanwaltschaft von hier aus verfügt, so erhält der Präsident des OLG. Nachricht, in dessen Bezirk die Zulassung erfolgt.

Der OLGPräs. teilt hierher mit, wenn er einen Gerichtsassessor unter Entlassung aus dem Beamtenverhältnis zur Rechtsanwaltschaft zuläßt.

Der OLGPräs. hat von jeder Zulassung bei einem Landgericht seines Bezirks dem Präsidenten des Gerichts, von jeder Zulassung bei einem Amtsgericht des Bezirks dem zuständigen LGPräs. und dem aufsichtführenden Amtsrichter Mitteilung zu machen. Gehörte der Zugelassene vor der Zulassung dem Justizdienst oder der Rechtsanwaltschaft in einem anderen OLG.-Bezirk an, so ist auch dem beteiligten OLGPräs. oder GenStA. dieses Bezirks Mitteilung zu machen.

2. Von der Eintragung eines Zugelassenen in die Liste der Rechtsanwälte bei einem Gericht hat der Vorstandsbeamte dieses Gerichts unter Angabe des Eintragungstages unmittelbar hierher Anzeige zu machen und einen Durchschlag seiner Anzeige an den LGPräs. (im Falle der Eintragung in der Liste der Rechtsanwälte bei einem Amtsgericht) und den OLGPräs. (im Falle der Eintragung in der Liste der Rechtsanwälte bei einem Amtsgericht oder Landgericht) einzureichen.

3. Bei dem LGPräs. und dem OLGPräs. werden Personalakten über den Rechtsanwalt geführt. War dieser vor der Zulassung Beamter im öffentlichen Dienst, so sind die früher über ihn geführten Personalakten fortzuführen, wenn sie schon bis dahin von einer Justizbehörde geführt worden sind oder der Justizverwaltung überlassen werden.

VI. Erlöschen der Zulassung.

1. Umstände, die zur Zurücknahme der Zulassung eines Rechtsanwalts verpflichten oder berechtigen, sind zur Kenntnis des

zuständigen OLGPräs. zu bringen. Dieser hat die zur Aufklärung des Sachverhalts etwa erforderlichen Ermittlungen und, soweit gesetzlich vorgeschrieben oder nach Lage des Falles angezeigt, die Anhörung des Rechtsanwalts und des Vorstandes der Anwaltskammer (§ 23 Abs. 2 RAO.) zu veranlassen.

2. Der OLGPräs. ist ermächtigt, die von ihm verfügte Zulassung zurückzunehmen, wenn der Zugelassene auf die Rechte aus der Zulassung verzichtet, bevor er auf Grund dieser Zulassung in die Liste der Rechtsanwälte eingetragen ist.

3. Der OLGPräs. ist ermächtigt, in den Fällen des § 21 Nr. 1, des § 21 Abs. 3 und, wenn auf Grund des § 21a Abs. 1 im ehrengerichtlichen Verfahren rechtskräftig festgestellt ist, daß ein Grund für die Zurücknahme der Zulassung vorliegt, die Zurücknahme der Zulassung zu verfügen. In allen sonstigen Fällen behalte ich mir die Entscheidung über die Zurücknahme der Zulassung vor; in diesen Fällen hat der OLGPräs. über den Grund der Zurücknahme unter Darlegung des Sachverhalts und Beifügung der Vorgänge unmittelbar hierher zu berichten.

4. Kommt auf Grund des § 21a Abs. 1 RAO. die Zurücknahme der Zulassung aus einem der in § 5 Nr. 5 oder Nr. 6 RAO. bezeichneten Gründe in Betracht, so hat der OLGPräs., bevor er die Vorgänge dem GenStA. zur Stellung der erforderlichen Anträge im ehrengerichtlichen Verfahren zuleitet, durch einen den Sachverhalt darstellenden Bericht, dem die vorhandenen Vorgänge beizufügen sind, meine Weisung einzuholen.

5. Bekleidet ein Rechtsanwalt ein Gemeindeamt auf Probe, Widerruf oder Kündigung, so ist eine Zurücknahme der Zulassung nach § 5 Nr. 6 RAO. innerhalb des ersten Jahres nach Antritt des Amtes nicht zulässig (§ 21a Abs. 2 RAO.). Die Voraussetzungen dieser Vorschrift sind auch dann anzunehmen, wenn die Berufung eines Rechtsanwalts in ein Gemeindeamt während des ersten Amtsjahres jederzeit zurückgenommen werden kann. Die Bestimmung des § 21a Abs. 2 RAO. befreit jedoch nicht von der Verpflichtung, die Zulassung nach § 21 Abs. 1 Nr. 2 RAO. zurückzunehmen, wenn der in ein Gemeindeamt berufene Rechtsanwalt aus Anlaß dieser Berufung seinen Wohnsitz (§ 18 RAO.) aufgibt.

6. Will ein Rechtsanwalt die Zulassung aufgeben, so kann er diese gegenüber dem Gericht, bei dem er zugelassen ist, oder gegenüber dem zuständigen LGPräs. oder OLGPräs. erklären.

7. Das Erlöschen der Zulassung eines Rechtsanwalts ist dem Vorstandsbeamten des Gerichts, bei dem er zugelassen war, mitzuteilen, sofern nicht feststeht, daß das Erlöschen ihm bekannt ist.

Jede Löschung in der Liste der Rechtsanwälte ist unter Angabe des Tages und des Grundes der Löschung von dem Vorstandsbeamten des Gerichts unmittelbar hierher anzuzeigen. Abschn. V Nr. 2 gilt entsprechend.

B. Bestellung von Stellvertretern.

I. Ein Stellvertreter wird dem Rechtsanwalt in den Fällen des § 25 und des § 91d RAO. auf Antrag des zu Vertretenden bestellt, wenn der zu bestellende Vertreter sein Einverständnis erklärt. In den Fällen des § 91d RAO. ist außerdem die vorherige Anhörung des Vorstandes der Anwaltskammer erforderlich. Bei der Bestellung des Stellvertreters ist der Widerruf der Bestellung vorzubehalten.

II. Im Falle des § 91d RAO. setzt die Bestellung eines Stellvertreters voraus, daß ein Bedürfnis für die Wahrnehmung der Geschäfte des Rechtsanwalts, gegen den ein Vertretungsverbot verhängt ist, durch einen Vertreter vorliegt. Die Bestellung des Vertreters endigt ohne weiteres, wenn das Vertretungsverbot außer Kraft tritt oder aufgehoben wird. Die Vertretung des Rechtsanwalts, gegen den ein Vertretungsverbot verhängt ist, durch einen anderen als einen von der Justizverwaltung bestellten Vertreter ist im Falle des § 91d RAO. nicht zulässig.

III. In den Fällen des § 25 RAO. ist die Bestellung eines Stellvertreters nur zulässig, wenn der zu vertretende Rechtsanwalt zeitweise an der Ausübung seines Berufs im ganzen verhindert ist. Deshalb ist von der Bestellung eines Vertreters abzusehen, wenn der zu vertretende Rechtsanwalt im Sinne des § 5 Nr. 7 RAO. zur ordnungsmäßigen Ausübung des Rechtsanwaltsberufes dauernd unfähig ist. Ein Vertreter soll ferner nicht bestellt werden, wenn der Rechtsanwalt nur an der Wahrnehmung einzelner Berufsgeschäfte verhindert ist. Bei nur kurzer Dauer der Verhinderung ist darauf hinzuwirken, daß ein anderer bei demselben Gericht zugelassener Rechtsanwalt ohne Mitwirkung der Justizverwaltung die Vertretung übernimmt.

Die Bestellung eines Vertreters darf nicht dazu dienen, die Kräfte eines Rechtsanwalts zu vervielfältigen. In jedem Falle darf einem Rechtsanwalt nur ein Vertreter bestellt werden.

IV. Wer nach § 25 Abs. 1 Satz 2 RAO. nicht zum Stellvertreter bestellt werden soll, ist auch im Falle des § 91d nicht zum Vertreter zu bestellen. Als nicht mehr im Vorbereitungsdienst stehende Rechtskundige sind jedoch nur solche Personen anzusehen, die weder Beamte noch zur Rechtsanwaltschaft zugelassen sind.

Einem nichtarischen Rechtsanwalt ist kein Vertreter arischer Abstammung zu bestellen, der der NSDAP. oder einer ihrer Gliederungen angehört.

Einem Rechtsanwalt, der in ein Gemeindeamt berufen wird, ist ein Vertreter längstens bis zum Ablauf des ersten Amtsjahres zu bestellen.

V. Zur Bestellung eines Vertreters für einen Rechtsanwalt sind in den Fällen des § 25 und des § 91d RAO. ermächtigt:

1. der LGPräs., wenn ein beim Landgericht oder bei einem Amtsgericht des Bezirks zugelassener Rechtsanwalt durch einen anderen Rechtsanwalt vertreten werden soll und die Vertretung insgesamt die Dauer eines Jahres nicht überschreitet; gehört der zu bestellende Vertreter dem Bezirk eines anderen Landgerichts an, so ist der Präsident dieses Gerichts von der Bestellung und ihrer Dauer unmittelbar zu benachrichtigen;

2. der OLGPräs., wenn ein beim Oberlandesgericht zugelassener Rechtsanwalt durch einen anderen Rechtsanwalt vertreten werden soll und die Vertretung insgesamt die Dauer eines Jahres nicht überschreitet; gehört der zu bestellende Vertreter dem Bezirk eines anderen Oberlandesgerichts an, so ist der Präsident dieses Gerichts von der Bestellung und ihrer Dauer unmittelbar zu benachrichtigen. Von der Bestellung eines bei einem Landgericht oder Amtsgericht desselben Bezirks zugelassenen Rechtsanwalts erhält der LGPräs. Nachricht;

3. der OLGPräs. auch dann, wenn ein in seinem Bezirk zugelassener Rechtsanwalt durch einen Referendar vertreten und die Vertretung demselben Referendar nicht länger als für drei Monate übertragen werden soll; ferner wenn der Rechtsanwalt durch einen Gerichtsassessor, einen ausgeschiedenen Gerichtsassessor oder sonstigen früheren Beamten, einen Notar oder früheren Notar oder einen früheren Rechtsanwalt ver-

treten werden soll und die Vertretung insgesamt die Dauer eines Jahres nicht überschreitet. Gehört der zu bestellende Vertreter als Beamter einem anderen Oberlandesgerichtsbezirk an, so ist die Zustimmung des zuständigen OLGPräs. (GenStA.) einzuholen und dieser von der Bestellung und ihrer Dauer zu benachrichtigen.

VI. In den Fällen, in denen weder der LGPräs. noch der OLGPräs. zur Bestellung eines Stellvertreters ermächtigt ist, ist auf dem Dienstwege meine Entscheidung einzuholen.

VII. Der bestellte Vertreter hat während der Dauer der Vertretung seinen ständigen Aufenthalt an dem Orte zu nehmen, an dem der vertretene Rechtsanwalt zu wohnen verpflichtet ist. Über Ausnahmen, die nur in besonders dringlichen Fällen zu bewilligen sind, entscheidet, sofern der Vertreter nicht von mir bestellt wird, der OLGPräs.

C. Ehrengerichtliches Verfahren.

I. In jeder Lage des ehrengerichtlichen Verfahrens ist auf seine Beschleunigung besonders Bedacht zu nehmen; insbesondere ist darauf hinzuwirken, daß ehrengerichtliche Untersuchungen nach Kräften gefördert und schnellstens durchgeführt werden.

II. In allen ehrengerichtlichen Verfahren gegen Rechtsanwälte haben die Generalstaatsanwälte und der Oberreichsanwalt zu prüfen, ob es nach Lage der Sache angezeigt ist, beim Ehrengericht die Verhängung eines Vertretungsverbots zu beantragen. Ein solcher Antrag wird grundsätzlich stets dann erforderlich sein, wenn die gesetzlichen Voraussetzungen für die Zulässigkeit eines Vertretungsverbots gegeben sind, insbesondere, wenn Gegenstand der Anklage Verfehlungen hinsichtlich anvertrauter Vermögenswerte, Unterschlagung, Untreue usw. sind.

Nach § 65 Abs. 1 RAO. ist die Einleitung eines ehrengerichtlichen Verfahrens auch nach Erhebung der öffentlichen Klage im Strafverfahren zulässig; die dann vorgeschriebene Aussetzung des ehrengerichtlichen Verfahrens während der weiteren Dauer des Strafverfahrens steht der Verhängung eines Vertretungsverbots nicht entgegen.

Beantragt die Staatsanwaltschaft im ersten Rechtszuge des ehrengerichtlichen Verfahrens, auf Ausschließung von der Rechtsanwaltschaft zu erkennen, so ist regelmäßig zugleich die Verhängung des Vertretungsverbots nach § 91a Abs. 6 RAO. zu beantragen. Dies gilt sinngemäß, wenn das Ehrengericht auf Ausschließung erkennt, ohne daß die Staatsanwaltschaft es beantragt hat.

III. Im ehrengerichtlichen Verfahren gegen Rechtsanwälte sind dem zuständigen OLGPräs. und mir der Beschluß über die Eröffnung der Voruntersuchung oder, falls eine Voruntersuchung nicht stattfindet, der Beschluß über die Eröffnung des Hauptverfahrens, die ergehenden Urteile oder die sonstigen, das Verfahren abschließenden Entscheidungen durch Übersendung einer Abschrift mitzuteilen. Bei der Mitteilung einer mit Rechtsmitteln anfechtbaren Entscheidung ist möglichst zugleich anzugeben, ob sie rechtskräftig oder mit dem zulässigen Rechtsmittel angefochten ist.

Die Mitteilungspflicht liegt ob:

1. dem Generalstaatsanwalt beim Oberlandesgericht bis zur Mitteilung der den ersten Rechtszug abschließenden Entscheidung;
2. dem Oberreichsanwalt hinsichtlich der Entscheidungen, die der Ehrengerichtshof erläßt.

IV. Sind seit dem Tage, an dem eine mitzuteilende Verfahrensmaßnahme getroffen ist, neun Monate verstrichen, ohne daß in demselben Verfahren eine weitere Mitteilung erstattet ist, so hat bis zum Abschluß des ersten Rechtszuges der Generalstaatsanwalt beim Oberlandesgericht, später der Oberreichsanwalt ohne Aufforderung und, nachdem er beim Ehrengericht oder dem Ehrengerichtshof die erforderlichen Feststellungen getroffen hat, über den Stand des Verfahrens und über die Gründe, die eine abschließende Entscheidung bis dahin verhindert haben, hierher zu berichten.

V. Die Verhängung eines Vertretungsverbots wird auf Grund des § 91a Abs. 7 vom Schriftführer des Vorstandes der Anwaltskammer mitgeteilt. Die Vorstandsbeamten der Gerichte haben dafür Sorge zu tragen, daß die Mitteilung allen Richtern des Gerichts, bei denen der Rechtsanwalt zugelassen ist, zur Kenntnis vorgelegt wird.

VI. Die Rechtskraft eines auf Ausschließung von der Rechtsanwaltschaft lautenden ehrengerichtlichen Urteils wird nach § 96 RAO. unter Bescheinigung der Vollstreckbarkeit mitgeteilt. Die Vorstandsbeamten der Gerichte, bei denen der ausgeschlossene

Rechtsanwalt zugelassen ist, haben die Löschung des ausgeschlossenen Rechtsanwalts in der Liste der Rechtsanwälte ihres Gerichts zu veranlassen.

VII. Beantragt ein Rechtsanwalt, gegen den Ermittlungen zur Einleitung eines ehrengerichtlichen Verfahrens schweben oder gegen den das ehrengerichtliche Verfahren bereits eröffnet ist, seine Ernennung zum Notar oder seine Zulassung bei einem anderen Gericht, so ist bei Weitergabe des Antrags nach Abschnitt A II Nr. 1 über Inhalt und Stand des Verfahrens Mitteilung zu machen.

VIII. Soweit im ehrengerichtlichen Verfahren bare Auslagen bei den beteiligten Justizbehörden entstehen, sind sie vom Vorstand der Anwaltskammer zu erstatten. Als bare Auslagen in diesem Sinne gelten insbesondere

1. Postgebühren aller Art,
2. die in § 72 zu 2 bis 8 des Deutschen Gerichtskostengesetzes bezeichneten Auslagen,
3. Schreibgebühren (§ 71 Abs. 1 DGKG.), die wie in sonstigen Fällen persönlicher oder sachlicher Gebührenfreiheit für Ausfertigungen und Abschriften aller Art zu berechnen sind.

Die am ehrengerichtlichen Verfahren beteiligten Justizbehörden haben die bei ihnen erwachsenen baren Auslagen zu den ehrengerichtlichen Akten mitzuteilen. Die Geschäftsstelle der Staatsanwaltschaft beim Oberlandesgericht hat nach Beendigung des Verfahrens auf Grund der ehrengerichtlichen Akten eine Kostenrechnung über sämtliche der Justizverwaltung im Verfahren erwachsenen Auslagen aufzustellen und die Einziehung vom Vorstand der Anwaltskammer nach den Vorschriften über die Einziehung von Gerichtskosten zu veranlassen.

Kosten, die dadurch entstehen, daß ein Amtsgericht um die Verhängung von Zwangsmaßnahmen gegen Zeugen oder Sachverständige ersucht wird (§ 87 RAO.), sind durch die ersuchte Stelle von dem zahlungspflichtigen Dritten unmittelbar einzuziehen.

IX. Vermerke über ehrengerichtliche Strafen in den Personalakten der Rechtsanwälte sind mit einem Löschungsvermerk zu versehen, wenn seit Verhängung einer Warnung, eines Verweises oder einer Geldstrafe bis zu fünfzig Reichsmark mehr als fünf Jahre, seit der Verhängung einer sonstigen ehrengerichtlichen Strafe mehr als zehn Jahre verstrichen sind, ohne daß der Rechtsanwalt erneut ehrengerichtlich bestraft ist.

X. Für das ehrengerichtliche Zulassungsverfahren gelten die Bestimmungen unter I, III und VIII dieses Teils entsprechend.

D. Sonstiges.

I. Über Anträge von Rechtsanwälten auf Erteilung der Genehmigung, ihren Wohnsitz außerhalb des Gerichtssitzes zu nehmen (§ 18 Abs. 3 RAO.) oder von den Vorschriften des § 18 Abs. 1 und 4 Ausnahmen zu bewilligen (§ 18 Abs. 5 RAO.), entscheidet der OLGPräs. Bei Erteilung der Genehmigung ist der Widerruf vorzubehalten.

II. Beschwerden über einen Rechtsanwalt sind, soweit sie nicht zu strafrechtlichen Maßnahmen gegen den Rechtsanwalt oder zu sonstigen Anordnungen Anlaß geben, dem zuständigen Vorstand der Anwaltskammer zuzuleiten. Dem Vorstand der Anwaltskammer ist ferner Mitteilung zu machen, wenn gegen einen Notar, der zugleich Rechtsanwalt ist, im Aufsichtswege oder im Dienststrafverfahren eingeschritten wird.

III. Über Mitteilungen, die in einem gegen einen Rechtsanwalt anhängigen Strafverfahren an Justizbehörden und den Vorstand der Anwaltskammer zu machen sind, wird in einer die Mitteilungspflicht der Gerichte in Strafsachen allgemein regelnden Verfügung Bestimmung getroffen werden.

E.

I. Diese Verfügung tritt an die Stelle der bisher von den Landesjustizverwaltungen über die Bearbeitung von Angelegenheiten der Rechtsanwälte erlassenen Vorschriften.

II. Für die Bearbeitung der Angelegenheiten der Rechtsanwälte beim Reichsgericht gilt diese Verfügung nicht.

2. Auswahl von Armenanwälten. AV. des RuPrJM. vom 10. Dez. 1934 (IV b 6122). — Deutsche Justiz S. 1572.

Bei der Beiordnung von Rechtsanwälten in Armensachen werden außerhalb des ehemaligen oberschlesischen Abstimmungsgebiets zweckmäßig folgende Grundsätze zu beachten sein:

Durch die Beiordnung eines Rechtsanwalts soll die arme Partei nach dem Willen des Gesetzes denselben Schutz erhalten, den eine begüterte Partei durch eigene Auswahl eines Anwalts erlangen kann. Deshalb werden bei der Auswahl des beizuordnenden Anwalts Wünsche der Partei nach Möglichkeit zu berücksichtigen sein. Wenn ein Wunsch nicht ausdrücklich geäußert wird, läßt sich ein solcher vielfach aus den Umständen des Falles entnehmen, insbesondere, wenn ein Anwalt in Vollmacht der Partei um das Armenrecht nachsucht oder in anderer Weise — etwa als Mitglied der NS.-Rechtsbetreuungsstelle — für die Partei in derselben Sache bereits tätig geworden ist. Gibt die Partei das Armenrechtsgesuch zu Protokoll, so wird sie von dem den Antrag aufnehmenden Beamten zweckmäßig nach etwaigen Wünschen zu fragen sein. Die Empfehlung eines bestimmten Rechtsanwalts durch Justizbeamte ist verboten.

Wird ein Wunsch nicht geäußert, so ist der Anwalt so auszuwählen, wie es den berechtigten Belangen der Partei und ihren mutmaßlichen Wünschen entspricht. Es wird dabei davon auszugehen sein, daß eine arische Partei die Beiordnung eines arischen Anwalts erwartet. Berührt der Rechtsstreit Fragen, die Sonderkenntnisse erfordern, so wird möglichst ein gerade auf diesem Gebiet erfahrener Anwalt auszuwählen sein.

Im übrigen ist bei der Zuteilung der Armensachen sorgfältig darauf zu achten, daß Bevorzugungen einzelner Anwälte vermieden werden. Das schließt aber nicht aus, daß das Gericht bei der Verteilung der Armensachen der wirtschaftlichen Lage der ihm für die Beiordnungen zur Verfügung stehenden Anwälte in angemessenem Umfange Rechnung trägt.

Über die Beiordnungen sind listenmäßige Nachweisungen zu führen, aus denen die Zahl der auf die einzelnen Anwälte entfallenen Armensachen jederzeit ersichtlich ist. Wie diese Kontrolle zweckmäßig zu gestalten ist, hängt wesentlich von den Verhältnissen des einzelnen Gerichts, insbesondere seiner Größe und der Zahl der bei ihm zugelassenen Anwälte, ab. Die Präsidenten und Gerichtsvorstände werden ersucht, die hierzu erforderlichen Anordnungen zu treffen, insbesondere die in dieser Hinsicht bereits bestehenden Einrichtungen auf ihre Zweckmäßigkeit zu überprüfen.

Die bisher im Reich und in den Ländern geltenden Erlasse und Verfügungen über die Beiordnung von Armenanwälten werden im Geltungsbereich dieser allgemeinen Verfügung gegenstandslos.

C. Anwaltsrecht im Saarland.

Aus der Verordnung über die vorläufige Regelung der Gerichtsverfassung im Saarland[1]
vom 22. Februar 1935 (RGBl. I S. 246).

§ 9.

(1) Die am 1. März 1935 im Reiche geltenden Vorschriften über die Rechtsanwälte treten im Saarland in Kraft.

(2) Bei den Senaten kann als Rechtsanwalt zugelassen werden, wer bei einem andern Gericht im Saarland als Rechtsanwalt zugelassen ist.

(3) Die Zulassung zur Rechtsanwaltschaft bei einem Gericht im Saarland kann Personen versagt werden, die zwischen dem 1. Januar 1919 und dem 1. März 1935 zu keiner Zeit einen Wohnsitz im Saarland gehabt haben.

(4) Die bisher beim Obersten Gerichtshof in Saarlouis zugelassenen Rechtsanwälte sind bei den Senaten in Saarlouis zugelassen. Die Zulassung als Rechtsanwalt bei dem Oberlandesgericht in Köln erstreckt sich nicht auf diese Senate.

§ 10.

Die bei einem Gericht im Saarland zugelassenen Rechtsanwälte, die noch deutsche Justizbeamte sind, scheiden mit dem Inkrafttreten dieser Verordnung aus dem Beamtenverhältnis aus.

§ 12.

Die weiteren Anordnungen auf dem Gebiet der Gerichtsverfassung für das Saarland trifft der Reichsminister der Justiz...

§ 13.

Diese Verordnung tritt mit dem auf die Verkündung folgenden Tage, im Saarland mit dem 1. März 1935 in Kraft.

1. Wegen der Vereinbarungen und Erklärungen aus Anlaß der Rückgliederung des Saarlandes vgl. die Bekanntmachung vom 26. Februar 1935 (RGBl. II S. 121).

Zu Seite 72/74.

Nachweis

der in diesem Nachtrag ganz oder auszugsweise neben den Änderungen der Rechtsanwaltsordnung im Wortlaut abgedruckten Bestimmungen aus sonstigen Gesetzen, Verordnungen usw., in zeitlicher Reihenfolge geordnet.

FSC
www.fsc.org
MIX
Papier | Fördert
gute Waldnutzung
FSC® C083411

Kolibri 360 GmbH
Ferdinand-Jühlke-Straße 7
99095 Erfurt, Deutschland
produktsicherheit@kolibri360.de